縄文のコトタマが地球を救う

セオリツ姫、イエス、空海らが知っていた日月の響きとはたらき

宮崎貞行

明窓出版

縄文のコトタマが地球を救う

セオリツ姫、イエス、空海らが知っていた日月の響きとはたらき

I　青森にヘブライ人が来ていた？

V 響き愛の海へ

I 青森にヘブライ人が来ていた？

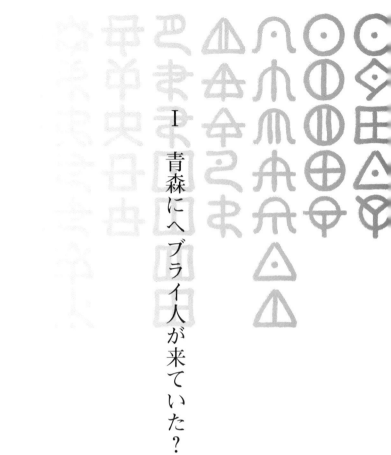

南部馬の産地へ

「目指す博物館は、駅から遠いのかな。あと何分くらいだろうか」

五月のうららかな日差しの下で、車を運転していた父がつぶやいた。

「えーっと、待って。スマホで調べてみるから」

さっそくスマホを操作してみると、目的地までの道順を青い点線で案内してくれている。所要時間も出てきた。

「あと十五分のようよ」

「じゃあ、もう少しだね」


父と私は、岩手県の盛岡から出発し、ちょうど八戸《はちのへ》の新幹線駅前に着いたばかりだった。住まいのある盛岡市からは、車で約一時間の距離だが、私には初めての八戸だった。

旅の目的は、八戸の縄文博物館を訪れ、国宝の縄文土偶を拝見することであった。人気の高い某ラグビー選手がとるポーズに形が似ているというので、近年有名になった土偶だ。

実は、ひと月前のこと、大学の日本史の授業で、この両手を合わせて祈っている縄文土偶がほぼ完全な姿で出土していたことを教わり、矢も楯もたまらなくなって、父に運転をせがんだのである。私は地元の大学で、日本文学を学んでいて、古代史も大好きである。

高さはどのくらいだろう、指は五本あるのだろうか、どんな模様の衣装かなどと楽しい想像をはたらかせていた。何しろ国宝の合掌土偶といわれるからには、ぜひとも近くでじっくり見たかったのだ。

国宝の土偶は、仮面土偶など五体が全国で指定されているが、岩手県にはなく、東北地方では青森県でこの一体が指定されているだけである。

さいわい父は、岩手県の教育委員会で遺跡の発掘調査などをしているので、縄文時代の信仰なども聞かせてもらえるのではないかという期待から、今回誘い出したわけだった。

父は、地元の大学で民俗学の非常勤講師もしているから、その方面も博識であった。

青森県東部のこのひなびた地域には、面白いことに一戸《いちのへ》、二戸《にのへ》、三戸《さんのへ》と続き九戸《くのへ》に至る地名がつけられている。これらは、平安時代に築かれた防衛用の城柵《きのへ》の跡地ではないかといわれている。

それを越えていくと、最終的に龍神の棲む神秘の湖、十和田湖に到達するのである。十和田湖まで行かないと、旅は完結しないといわれている。

目指す八戸は人口二十二万人を数える中心都市で、近年は漁業だけでなく工業地域としても発展してきている。

調べてみると、江戸時代には、南部藩の城下町として栄えた町で、海産物や軍馬を江戸まで船で運んでいたという。たたら製鉄による武器や農機具の販売は、南部藩の貴重な収入源でもあった。

とりわけ特産の南部馬は、江戸や京都の人々にも重宝されていた。体格は大きいけれども、人になつき従順なことから、農民にも武人たちにも愛されていたという。今も八戸のお祭りでは、騎馬で毬突《たま》きをするポロのような珍しい競技が披露されているとのこと。

さっそく、物知りの父の説明が始まった。

「蝦夷《えみし》といわれたころの東北の人々は、みな弓矢を持って南部馬を軽々と乗りこなしていたんだよ。京都の朝廷にとっては大変な脅威だったから、南部馬を購入して繁殖させようとした。何度も挑戦しては強敵の蝦夷にやられたけれど、やっと坂上田村麻呂の時代に南部馬を乗りこなせるようになって勝てたのだね」

「それを裏付ける記録はあるの？」

「ああ、東北は、縄文時代から放牧が盛んでね。雄走りの法など馬術も知っていた。馬の気持ちをよくつかんでいたようだね。そのことは、記紀の元《もと》になったといわれるホツマツタヱという古伝書にも載っているね。

それから、都人《みやこびと》がいかに南部馬にあこがれていたかということは歌にも残っている。

『南部馬』で検索してごらん」

「あ、あった。

『みちのくの　尾班《おぶち》の駒も野飼うには　荒れこそまされ　なつくものかな（後撰和歌集）』」とあるわよ」

「尾班の駒というのは、しっぽがまだら模様の南部馬のことだ。南部馬は野飼いされていたから、さぞかし荒々しいだろうと想像していた。でも実際に見てみると、人懐っこい馬だったと感心している都人の和歌だね」

縄文の巫女さん

こんな会話を交わしながら縄文館に向かっていくと、左手に琥珀《こはく》の専門店の看板が視野に入ってきた。琥珀といえば、先史時代の昆虫を閉じ込めているものをテレビで見たことがある。

店の前でしばらく車をとめ、ショーウィンドウをのぞいてみると、透明な黄金色に輝く耳飾りやブローチが陳列されている。岩手県の久慈《くじ》で採れる琥珀を加工したものだ。久慈の琥珀は縄文のころから採っていたようだから、もしかして、縄文の合掌土偶も、琥珀のイヤリングをつけていたのかもしれないな、と想像が膨らんできた。そのイヤリングの中に、縄文の蚊が眠っていると面白いなと思った。

目指す是川縄文館にはまもなく着いた。八戸市の埋蔵文化物センターが運営している、二階建ての近代的な建物だった。正面の壁は、縄文を思わせる黒い三角模様▲で飾られている。

足を踏み入れると、縄文後期の遺物が六百点以上、所狭しと、陳列されていた。小さい土器や土偶に並んで、赤漆を塗った女性用の髪櫛、丸い耳飾り、祭祀用と思われる漆塗りの弓や刀も飾られていた。それらを横目で見ながら、真っ先に国宝の合掌土偶に向かった。

説明書によると、是川遺跡の竪穴住居跡から出土したもので約三千五百年前にさかのぼるという。高さは二十センチ、幅は十四センチほどの可愛いものだった。

驚いたのは、眉が異常に太く、鼻も隆々と盛り上がっていることだった。写真で見たものより立体的な造形である。

縄文前期の土偶は、両腕を左右に広げた十字型の扁平なものがほとんどであったが、後期に入ると非常に立体的になっている。

しかも、普通の土偶は首や足を割られゴミ捨て場に捨てた状態で発見されていたが、この合掌土偶は、住居の片隅で発見され、保存状態が完ぺきだった。

発掘したとき、赤い漆が頭部に残っていたので、全身は赤漆で塗られていたはずと推測されている。おそらく、竪穴住居の中で何か特殊な祈りの役割を果たしていたのだろう。

合掌土偶（是川縄文館）

近づいてよく観察すると、小さな乳房がついているから女性に違いない。丸く膨らませた唇は、何かぶつぶつと唱えているように見える。

唇に小さい穴をたくさん彫っているのは、アイヌ女性がつけていた鉄漿《おはぐろ》を表現しようとしたものだろうか。首には二重のネックレスを巻いている。

もしかして、通りがかりの店で見たあの高価な琥珀の首飾りかもしれない。左右の指は伸ばしているのかと思っていたが、そうではなくしっかり組み合わせている。

衣服には、斜線のアヤ模様がついており、肩に分厚いショールをかけているように見える。頭には、儀式用の筒帽のようなものをかぶっている。

陳列ケースの前で、父が私の耳元に顔を寄せて、小さい声で説明を始めた。

「この女性は、高貴な巫女《みこ》さんではないかな。二重の首飾りを巻き、盛装しているところをみると、神がかりして口寄せをしている巫女さんに見えるね」

「巫女さんて、どんな仕事をしていたの?」

「縄文の人々はね、亡くなった祖霊の声を聴くため、巫女さんに口寄せをお願いしていた。懐かしいお祖母《ばあ》ちゃんを呼び寄せると、生前そっくりの声で登場するんだよ。もちろん病人には手当を行い、日照りで作物が実らないときは雨乞いの祈りもしてただろうね。コロナのような疫病封じもしていたかもしれない。

この土偶が出土した竪穴住居は、その口寄せと祈りの集会所だったのではないかな。縄文の集落は巫女さんのお告げを中心に運営していたはずだよ」

父と私は、部屋の隅にある長椅子に腰かけて小声で話を続けた。連休中なので家族連れが多く、みな静かに縄文の巫女さんを見つめている。

天井からの明かりに照らされた巫女さんは、今もカミがかりして何かつぶやいているようだ。

「青森の恐山にも、似たようなお告げの風習があると聞いたことがあるわ」

「うん、だいぶん少なくなったが、恐山には祖霊の声を伝えるイタコと呼ばれる人が今も数人いるようだ。硫黄の匂いのたちこめる禿山《はげ》には、祖霊が集まってくると信じられている。今度行ってみるかい？」

「なんとなく恐ろしそうな地名ね。もっと近場でほかにないの？」

「この近くで一か所あるよ。新郷《しんごう》村の戸来《へらい》というところだ。その峠の茶屋に、死者の口寄せができるお婆さんがいるという話だ。ちょっと寄ってみるかい？」

「面白そうね。ついでに私の前世も見てくれないかな。それと、どんな職業についたらよいかも教えてくれないかな」

「はっは、それは無理かも。むしろ学校の成績を良くするには、どうすればよいかを教えてもらうことだなあ。前世で悪いことをしたから、成績が振るわないのかもね」

「失礼ね。親の頭脳を受け継いだから仕方がないのよ。ともかく日が暮れないうちに峠のお茶屋をのぞいてみましょうよ。現代の合掌土偶に会えるかもね」

魔除けのカミさまか

私たちは、愛用している白い小型セダンに乗り込み、先を急いだ。お茶屋のある新郷村の戸来までは約十二キロと近い。その傍《そば》には、「大石神のピラミッド」と呼ばれる二万年前の方位石や星座石などもあるという。

やがて、正面に高い峰が二つ見えてきた。抜けるような五月の青空を背景にしてそびえ立っている。

「あれが、地元の人たちが崇めている戸来岳だ。千百メートル級の峰々が連なっているね。十和田湖を囲む外輪山の一つで、東北の百名山に数えられている。珍しいことに、この山には一位《いちい》の老木が生い茂っているんだ」

「さっき縄文館で見たけど、八戸市の市民の木は一位、市民の花は菊だったわ。何か、皇室と関係があるのかしら」

「うん、その堅い一位の木から笏《しゃく》を作っていたのだね。大昔は、天皇が即位するたびに、一位の笏を献上していた時期があったらしい。

八戸の櫛引《くしびき》八幡宮には、国宝の赤糸の「菊一文字」の大鎧《よろい》が納めてあるから、皇室と何らかの関係があったのだろうね。

南北朝時代は、南部師行《もろゆき》が後醍醐天皇の勅命を受けて、拠点の根城《ねじょう》を八戸に築いていた。子孫も五代にわたり南朝方への忠勤を励み続けていたから、お礼にもらったんだろうな」

「そう、意外に深いつながりがあったのね。一位の木が茂っているという正面の戸来岳をぼんやり眺めていると、何だか、さっきのうずくまっている合掌土偶に見えてきたわ」

「なるほど、そう見えないこともないな。言い忘れたけど、アイヌの言い伝えによると、巫女さんの吹く息吹は、フッサと呼ばれ死者をよみがえらせる霊力があるという。合掌土偶の丸い唇は、その息吹、フッサを病人に向けて吹いていたのではなかったかな」

「フッサで思い出したけど、東京都下にも福生《ふっさ》という町があるそうよ。生まれ変わりを意味するような漢字を当てはめているけど」

「たぶん、福生の町は、縄文時代には病人を癒す聖地だったんだろうね。古代の巫女さんたちが、息吹を吹きかける吹き送り療法で患者を治していたんだろうなあ」

「すると、八戸の地域も古代にはフッサと呼ばれていたのかもしれない。癒しの聖地フッサね。気になるのは、縄文館にあったもう一つの土偶、宇宙人の眼鏡のような大きい丸い目をした遮光土偶ね。あれも、病気治しに関係しているのではないかと思えてきたわ」

遮光土偶（是川縄文館）

「そうだな、あの巨大な目で見つめられると、魔物も逃げていったのではないかな。コロナウイルスの魔物を追い払うと、疫病も消えていく。

遮光土偶は、疫病よけの強力な魔祓いの神様ではなかったかな……」

「縄文人は、目や顔を奇妙に誇張した土偶をたくさん造っているけど、写実ができなかったのかしら」

「いや、本物そっくりの猪の像も出土しているから、写実が下手だったのではない。むしろ、わざと形を崩しデフォルメするのを楽しんでいた。誇張して表現すれば、目や口から出る霊力が高まると信じていたんだ、いや実際に感じていたはずだ。

あの巨大な目で見つめられると、体内に巣くっている魔物たちは退散したに違いないね」

戸来《へらい》とヘブライ

私たちはこんな楽しいやりとりをしながら、五戸《ごのへ》を経て十和田湖のほうへ国道四五四号線を走り続けた。峠の茶屋に寄った後は、十和田湖畔の乙女の像を見たいと思ったのだ。

まだ収まらないコロナのせいか、連休にもかかわらず、思ったより交通量は少ない。信号もないのですいすいと車は進んでいった。

山間の狭い登り路を進んでいくと、緑の木陰から一枚の案内標識が現れてきた。

「キリストの墓・右へ」と表示している。


「ここはね、イエス・キリストが亡くなって葬られたといわれているお墓だよ」

「えぇーっ、そんな馬鹿な。ゴルゴダの丘で磔《はりつけ》になったイエスのお墓はエルサレムの墳墓教会にあると習ったわよ」

「いや、それは、イエスの双子の弟イスキリの墓だと言っている。弟は、兄を日本に逃がすために身代わりになったというのさ」

「誰がそんなことを言ってるの？」

「家伝の竹内文献を持っていた竹内巨麿《きよまろ》という人物だよ。彼は、昭和十年にこの地を訪れ、竹内文書の中の『キリストの遺書』なるものを見せて、キリストの墓だと断定した。そして、山根キクという元キリスト教の信者が竹内文献の記述を信じ込み、『キリストは日本にやってきた』という本を書いて大々的に宣伝し始めた。彼女は、衆議院に立候補したこともある活動家で、何ごとにも目立つことが好きな情熱的な婦人だったね」

「へえ、そうなの。せっかくだから寄ってみましょうよ」

案内標識によると、「キリストの墓公園」なるものが国道沿いの小高い丘の上にあるという。駐車場に車をとめて丘を五分ほど登っていくと、明るい広場に出た。木漏れ日が広場に降り注ぎ、さわやかな風に揺れている。

その中央に、直径三メートルほどの円墳が二つ並び、真上に十字架が立っている。色とりどりの花が十字架の前に飾られ、墓の周りを白い板垣が囲っている。よく手入れされた清楚な公園だ。

墓のそばには、由来を説明するキリストの里伝承館が建てられている。伝承館の案内によると、イエス・キリストは二十一歳のときに来日し、各地で修行を重ねたそうだ。三十三歳のときにユダヤに戻り伝道したが迫害され、あわや磔刑《たっけい》にされそうになったものの、弟のイスキリが身代わりとなった。逃げたキリスト本人はひそかにシベリア経由で日本に戻り、十来《とらい》太郎天空と名乗り、戸

キリストの里伝承館

来村の女性と結婚して三人の娘を育てたという。

彼はなんと百六歳まで生き、右手の墓に埋葬されたそうだ。左手の墓は弟イスキリの遺髪と耳を納めた墓だというが、誰がイスキリの遺髪と耳をここまで運んだのかは説明がない。竹内文献にある手書きの「キリストの遺言書」の写しなども伝承館に展示されていたが、読んだところ明治期の近代的な言葉でつづられていた。

新郷村の「キリストの墓」

「さすが、うまい物語に仕立て上げたものだなあ。これでは騙される人も出てくるなあ」と、父が感心した様子で言った。

「戦前からこの戸来村は村おこしの宣伝が上手だった。十和田湖に向かう観光客の足を引き留めるため、識者を招待して面白い物語を作ってもらったのだね。

脚本は竹内巨麿が書き、山根キクや酒井勝軍《かつとき》らが宣伝を受け持ったわけだ」

「酒井勝軍というのはどんな人物？」

「酒井は、若いころはキリスト教の牧師をしていたが、昭和初年に竹内文書を読んでね、天皇が超古代には万国を支配していたという話にすっかり心酔したんだ。当時、満州やシナに勢力を伸ばそうとした日本は、海外進出を裏付けてくれる壮大な物語に飛びついた。酒井は、日本民族とユダヤ民族は共通の祖先から出ているという日ユ同祖論でも有名だね」

ナザレの王を見よ

伝承館を出た私たちは、丘を下りながら話を続けた。この丘全体が、古代の円墳であるのは確かだが、ここに眠っている人物は不明であると父は言う。勝気な私は、父に反論してみようと思った。

「で、その酒井勝軍など竹内文献の信奉者がキリストの墓と断定して世に広めたというわけね。でも、伝承館の説明によると、墓の所有者の沢口家の家紋は五芒星だけど、ダビデの六芒星を家紋としている家も集落にあるといっている。また、赤ん坊を初めて野外に出すとき額に炭で十字を書く風習があるそうね」

「ダビデの星の紋章はね、もともと麻の葉の模様から発展したもので、我が国では五芒星と並んで昔から魔除けに使われていた。麻の葉模様は、ちょうど六芒星の形をしている。赤ちゃんを護る産着は、麻の葉模様だね。十字も魔除けの形で、珍しくはないよ。

例えば、薩摩藩の旗印は、○に十字だった。だからと言って薩摩藩はクリスチャンというわけではないね」

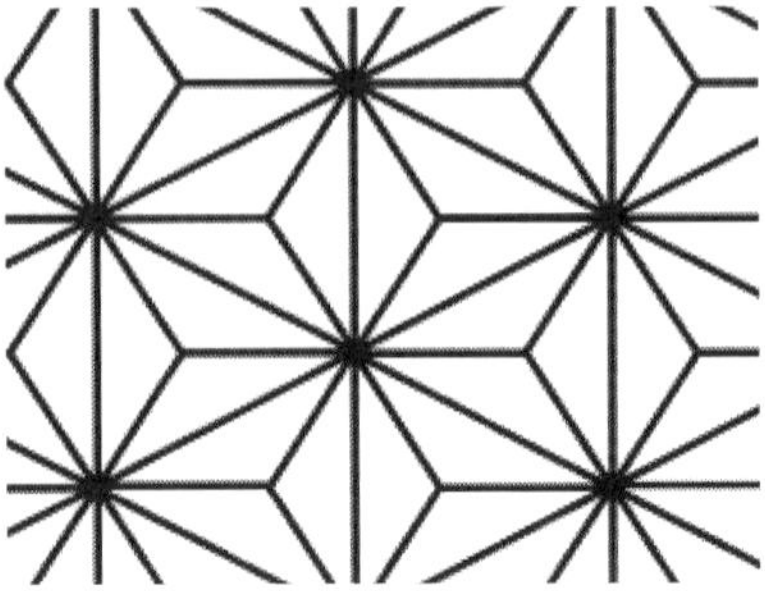

産着につける麻の葉模様

「うーん、でも、もう一つ有力な反論があるわ。毎年初夏に行うお祭りでは婦人たちが墓の周りを輪になって踊りながら、『ナニャドヤラー、ナニャドナサレノ』という祭唄を

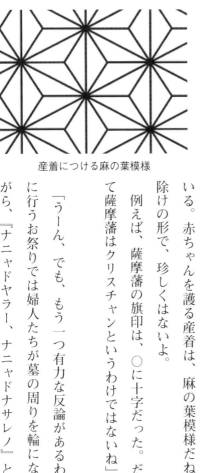

歌っていて、それはヘブライ語で解読できるそうよ」

「その祭りの歌は、ヘブライ語で、『主なる神を見よ、ナザレの王を』と解釈できるといってるね。でも、そもそも古代のヘブライ語がどんなふうに発音されていたのかは誰も知らないんだ。

ヘブライ文字は子音のみ記されていたから、主なる神もヤーヴェーと呼ばれていたのか、イエホヴァと発音されていたのかわからない。もしかするとヤバイという発音だったかもしれない」

「ええっ、それはヤバイ話ね。アイウエオのような母音を示す文字はなかったの？」

「そう、それにね、今ユダヤ人たちが使っているヘブライ語は、十九世紀に人為的に造られたもので、旧約聖書時代の古典ヘブライ語じゃない。現代のヘブライ語は、過去、現在、未来をはっきり区別する時制があるが、古典ヘブライ語は厳密に時制を分けないのさ。

また、イエスが話していたのはアラム語だから、イエスが来訪したとすればアラム語で解釈しなければいけないはずだろう」

父は続けて蘊蓄《うんちく》を傾けた。

「もっと厄介なことに、ヘブライ語もアラム語も、一つの単語に多くの意味合いが含まれている言語なのだよ。だから、日本語だけでなく、意味の不明なポリネシア語もヘブライ語を当てはめて自由に解釈できるのさ」

私の試した反論も、うまく父に反駁《はんばく》されてしまった。

ヘブライ語が日本語と同じように、一つの単語に様々な意味が込められているとすると、ポリネシア語の言葉も「ナザレの王を見よ」などと都合のいいように解釈できるはずである。

予備知識のない私としては、こうなると、最後の手で逆襲しなければならない。もう引くに引けなくなってしまった。

「じゃ、どちらが正しいか、峠の茶屋のお婆さんに聞いてみましょうよ。現代の巫女さんに尋ねて決着をつけませんか」

「頑固だなあ。意地っ張りの悪い癖が出てきたな」と、父が苦笑しながら応えた。

「勝負、勝負」と、私もわざと意地を張って見せた。ここで素直に引き下がると、侮《あなど》られてしまう。お小遣いをねだるときの粘りを見せることだ。

峠の茶屋にて

お婆さんの住んでいるという茶屋は、十和田湖を見下ろす峠の上にあった。戸来岳の一角に当たる場所だ。

ここから下界を眺めると、静かな碧玉の湖面が鏡のように深緑の山々を映し出している。遠くに奥入瀬《おいらせ》の渓流の入り口が見える。中学生のころ、秋の紅葉を訪ねて、旅行に行った思い出がある。

奥入瀬渓流は、十和田湖から延々と蛇行して太平洋に流れ込んでいる長大な川である。

「ごめんくださあい。ちょっと休ませてもらっていいですか」

店の縄暖簾《のれん》を押して、茶屋の奥に向かって呼び掛けると、背中を丸めた老婆がのっそりと現れた。皺の深い顔から、八十歳は越えているように見える。白髪を巻いて髷《まげ》に丸めた様子は、合掌土偶の筒帽のようにも見えた。

「へえ、ようこそ。こちらの長椅子にどうぞ」

紺色の前掛けで口を拭いながら出てきたから、たぶん、ひとりで食事をしていたのであろう。大きい前歯が二本突き出ていて、その両脇は歯が抜けているから、しわくちゃな顔で笑顔を見せると余計におどろおどろしい。

私たちもお腹がすいてきたので、少ないメニューの中から、おろしソバとヨモギ餅を注文した。客は、さいわい誰もいない。五分ほどすると、お膳が運ばれてきた。

お婆さんは、土間に立ったまま親しげに話しかけてきた。

「娘さんは、どちらから来なさった?」

「盛岡です。キリストの墓にお参りしてきたところですよ」

「ああそう。それはご苦労なことじゃな。近頃は、車に乗る人が増えたので、来訪者が多いそうじゃ。娘さんはキリストの信者かな?」

「いえいえ、私は信者ではないですが、興味がありまして。ところで、あのお墓は本当にキリストが葬られているのですか」

私は、何気ないふりを装って、お婆さんに尋ねてみた。女の子のあどけない質問には、まともに答えてくれるはずと思った。

「とんでもない。もう何回、同じ質問を受けたことかな。あのキリストの墓を所有している沢口家は、大昔から新郷村の上役《うわやく》を務めていた古い家柄でな、墓の裏から五千年前の縄文の石臼が出土したこともある。

二つの円墳は、大祖先の夫婦墓だね。病気治しのできた霊能者の祖先をまつる古代の円墳じゃよ。だが、宣伝が上手でな、今は観光の収入で潤っているようじゃ」

「でも、戸来とヘブライは音が似ていますね。大昔にヘブライ人が来ていたとか」と私は、無知を装って尋ねてみた。

「愉快なこじつけじゃの。それじゃ、青森には大昔に若い森さんが来て住んでいたということかい?」お婆さんは、大きな口を開けて笑った。長い前歯が二本飛び出てきた。

「沢口家の裏の山には、白糸の滝があってな、先代まではそこで冬も毎日禊《みそぎ》をしていた。十和田修験の家柄じゃね。磨いた験力《げんりき》で村人の病気を治したり、雨を降らせたりしていたんじゃ。キリスト教とは何の関係もないよ」

「ほう、禊をしてましたか。青森から秋田、山形にかけては、山岳修験が盛んでしたね。十和田修験のほかに、羽黒山など出羽三山も有名だし」と父が続けた。

「ところで、お婆さんは、ご先祖を呼び出して口寄せもしてくださると聞きましたが、今もなさいますか」

「若いころは、盛んにやったもんじゃ。ご先祖の墓参りはちゃんとしているか、どんな薬草を飲めばよいかなど上から声が降りてきて伝えてくれるのじゃね。前世の姿も観《み》たね。でも今は疲れるので、よほどのことがないと引き受けないことにしている」

「いつごろからそんな能力が生まれたのですか？　子供のころからですか？」と私。

「いやいや、うちが十八歳のときのこと。山菜を取りに行ったときに足を滑らせて崖から落ちたのじゃ。二日間意識不明だったそうじゃが、その間に三途の川の向こうに、それはそれは見事なお花畑があってな、そこでしばらく遊んでいるうちに、白い鱗《うろこ》の十和田の龍神さまに呼び止められ、こっちの世界に引き戻されたのじゃ。向こうに行くのはまだ早いと」

「ははあ、いわゆる臨死体験というやつですね」

「それ以来、体は亡くなっても魂は不滅であることがわかり、白い龍神さまの声も聞こえるようになった。今は白龍さまを掛け軸にして床の間に祀っている。それで近在の人は、うちのことを白龍さんと呼んでいる」

「ぴったりの名前ですね。白龍さんは、いつも十和田湖の龍神さまの声が聞こえてくるのですか？」と私が尋ねた。

頭上に巻いた白い髪の毛が、うずくまる白龍のように見えてきた。

「いや、普段は頭の中のスイッチを切っていて、頼まれたときだけスイッチを入れるようにしているんじゃ。ちょうどテレビのチャンネルに合わせるようにね」

「それでは、私の前世は何をしていたのか、観ていただけませんか。将来の進路を決めるうえで、近頃、とても気になっているんです」

「急には無理じゃよ。事前に榊《さかき》を飾り、お供えの用意もして潔斎《けっさい》せねばならんから、予約してもらわないとな。

それよりも、娘さんは、見たところ顎が張っていて少し意地っ張りのようだね。おかしいと思っても親のいうことにまず従うことだね。嫌でも、いちおう素直に聞くことが人生修行の第一歩なんじゃ」

その言葉に、私はあきれた。わざわざ戸来岳まで来て、お説教を聞かされるとは、思いがけないことだった。おろしソバをおとなしく食べていた私にとって形勢が不利になってきた。「キリストの墓」説は即座に否定されたし、私の欠点も遠慮なく指摘されるし、踏んだり蹴ったりだ。

父が、勝ち誇ったように語った。

「少しどころではない。ずいぶん頑固なんです。頑固病を治してもらいに、ゆっくり時間をとってまた来ますよ」

「それじゃ、ぜひ十和田神社によってらっしゃい。十和田湖に弁才天さまの乗っている青い龍が棲んでおられるからのう。

十和田神社の青龍さんは洞窟に潜んでいて、洞窟に向かって祈ると、何でも願い事がかなうそうじゃよ。娘さんは、良いボーイフレンドが見つかるようにとね。はっはあ」

またも老婆は、歯の抜けた口を大きく開けて、朗らかに笑った。私にとっては、笑い事ではないのだが、ぐっとこらえて神妙な面持ちで引き下がった。

このしわくちゃな合掌土偶は、意外におしゃべりが好きなようだ。食事を済ませた父が私の肩を叩いて立ち上がった。

「じゃあ、そろそろ行こうか」

Ⅱ イエスはエッセネ派のユダヤ人だった

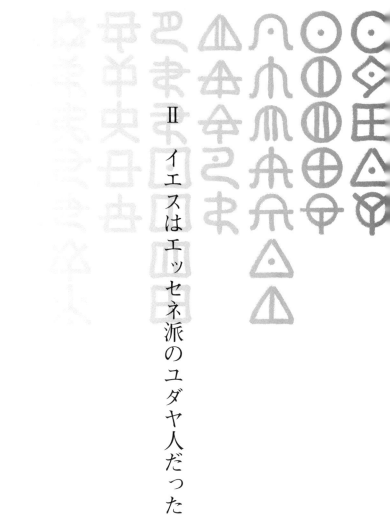

洞窟の修行者たち

十和田神社を訪れた私たちは、湖畔の洞窟に棲むという青龍さんに挨拶し、高村光太郎の作という乙女の像も眺めることができた。神域のパワーを存分にいただいた後、その晩は奥入瀬渓流の近くにある旅館に泊まり、翌日、川沿いの小道を散策してから盛岡に帰った。

久しぶりに、決まりきった日常の繰り返しから解放された旅であった。いろんな出来事があったが、旅は確かに、凝り固まった心の枠を柔らかくしてくれた。

帰宅してから、一週間後のこと。来年の就職試験の参考書を探しに市内の本屋に立ち寄ってみた。

苦手な経済学の参考書を見つけようと店内をぶらついていると、ふと『イエスとエッセネ派』という分厚い本が目に入ってきた。副題を見ると、「退行催眠で見えてきた真実」

とある。ドロレス・キャノンという著者だ。

キリストの墓の印象が残っていたので、つい買ってしまい、家に帰って読み始めると、止まらなくなってしまった。こうなると学業は後回しだ。

著者のドロレスは、過去生へ導く退行催眠の専門家だという。誘導するとすぐに深い催眠状態に入るケイティという若い女性に巡り合い、彼女を少しずつ過去生に導いてその当時の模様を話させた。

ケイティは、催眠のトランス状態から目覚めた後は記憶が一切残っていなかった。催眠中は完全に、意識を奪われていたのである。

徐々にケイティの過去生をさかのぼり、キリスト紀元の初めまで退行させたところ、二十六生前にイスラエルのクムラン洞窟で修行していた男性であったことが判明した。

その男は、エッセネ派でスディと呼ばれ、イエスの師匠の一人であった。エッセネ派のイエスの師匠と聞いて、ドロレスは驚いた。

エッセネ派は洞窟での瞑想と写本を中心として、自給自足の共同生活を静かに送っていたというが、詳しいことはわからないでいた。一九四七年に旧約聖書の巻物、いわゆる「死海文書」がクムランの洞窟から発見され、世紀の大発見と話題になったが、これを写したのはエッセネ派だったのだ。

それまでの研究によると、イエスが生まれたころ、ユダヤ教の主な宗派はエッセネ派のほかに三つあったという。律法学者の指導の下に、戒律を守り安息日と断食を奨励していた保守派のパリサイ派、神殿での祭祀を重視し、ギリシャ文化に寛容であった貴族階級のサドカイ派、ローマ帝国からの独立を主張した過激な熱心党の三派である。

これに対してエッセネ派は、約四千人と少数であったが、入門するとクムランの洞窟で三年間の修行を積むことが義務付けられ、卒業後は、さらに七年間高度の修行を続ける一部の者を除き、死海の西側の諸都市に住んでいたという。

ユダヤ人でないものも会員として受け入れ、エジプト、ペルシャなどにも連絡拠点を設けていたようだ。

エッセネ派の師匠たちは独身を守り、質素な菜食生活を続けつつ、メシアの誕生の準備をしていた。

催眠術師のドロレスは、記録にないエッセネ派の活動をイエスの師匠のスディから根ほり葉ほり聞き出そうとした。スディの日常について尋ねたところ、クムランという共同体の中で、ユダヤ教の律法書トーラーとモーゼの律法を教えていたことがわかった。

ドロレスは、一九八二年に三か月間、十三回にわたり質問を続けた。主な応答を抜き出してみよう。

「エッセネ派と他のユダヤ教の宗派の間で、意見の対立が起こることがありますか？」

「ああ、我々は、気狂い集団だと呼ばれている。それは、メシアの出現が間近だと説いているからだ。それに反して、ほかの宗派は、メシアの出現をあきらめている」

「エッセネという言葉の意味は何ですか？」

「聖なるものという意味だよ」

「エッセネ派の人々は、最初からクムランあたりに住みついていたのですか？」

「いや、我々は、カルー族の末裔で、西のほうの水没した国からエジプトに移住し、しばらくエジプトで過ごした後、この周辺地域にたどり着いたらしい。メシアが近々出現するという教えも、カルー族から受け継いでいるものだ。

カルー族は、空飛ぶ飛行船の知識も持っていた超古代の民族と伝えられている」

催眠術師のドロレスは、水没したカルー族の国というのは、高度の技術を持っていたアトランティスではないかと思った。アトランティスの末裔が、エジプトに渡ったという伝承は数多くある。

「すると、クムラン以外の場所にもエッセネ派が住んでいるのかもしれませんね」

「ほかに、エッセネ派の共同体がいくつかあると聞いている。エジプトのアレクサンドリア付近にもあるようだ」

「エッセネ派は、唯一絶対の神ヤハウェを信奉していると聞いていますが、それ以外に神は存在しないのですか?」

「いや、ほかの神なる存在もいるが、我々が敬う神はヤハウェだけだ。他の神々はそれぞれの担当領域でヤハウェを助けており、彼らは一つの統合された存在でもある。その全体をエロヒムと呼んでいる。エロヒムとは、ヤハウェを含み天空にいるすべての聖なる存在を指す言葉だ」

「地球のほかの惑星にも生命はあるのでしょうか?」

「生命はある。だが、この地球と同じ生物形態とは限らない。霊体《スピリット》しかない惑星もある」

破壊されたクムラン洞窟

催眠術師のドロレスは、次に話題を変え、エッセネ派の儀式や風習などについて聞き出そうとした。ヨルダン川で洗礼を授けていた預言者のヨハネはエッセネ派といわれていたのを思い出して尋ねた。

「水による洗礼は授けていますか?」

「水による浄化の儀式は、罪なる過去を洗い流し、これから新しい人間に生まれ変わるという意味合いが込められている。水を頭からかぶったり水の中に寝かせたりする方法などがある」

「エッセネ派には、結婚という制度はありますか?」

「結婚はある。多くの場合、夫と妻の組み合わせは長老が選ぶ。生まれた時の星図を読み解き、相性の良いもの同士を組み合わせるのだ」

「エッセネ派の共同体にお金はあるのですか?」

「そんなものは必要ない。物は、お互いに共有しているからだ。本当に必要なものは、仕事の報酬として与えられる。すべての基本は愛だ。他者へ愛を与えていれば、何も問題は起きることはない」

「紀元三十一年に大地震が起きて、洞窟にひびが入ったといわれていますが、記憶にありますか？」

「子供のころ母親から聞いたことがあるが、昔、崖が大きく揺さぶられたらしい。そのせいで、風呂場などに大きな亀裂が入ったようだ」

「紀元六十八年にローマ軍によってクムラン共同体が破壊されたそうですが、記憶にありますか？」

「そのとき、私はすでに霊界に住んでいたが、仲間が殺され、器物が掠奪されていくのを霊界から見ていた。悲しかったが、しかし、ほとんどの叡智は隠されており、いつか掘り出される日が来ることも知っている」

「クムランが破壊された後、エッセネ派で生き残った人はいるのでしょうか？」

「いるよ。彼らはほかの場所へ移動した。その叡智を必要とする時期が訪れたとき、必要な情報を思い出す仕組みになっている」

スディが語った通り、クムラン関連の巻物は、二十世紀に数々の洞窟から発見され、研究されてきている。一九四七年に死海文書が死海沿岸の洞窟から発見され、その二年前にはナグ・ハマディ文書と呼ばれるものがエジプトで出土している。ユダヤ教と初期キリスト教の関係を解き明かすものと期待された世紀の大発見であった。

これまでの研究によると、エッセネ派は救い主メシアの到来を待ち望んでおり、そのために予知能力を磨いたり、手かざしで治療したりする力などを身につけようとしたようだ。エッセネ派は、古代のインド思想やペルシャ思想に関する文献を収集し、それらとユダヤ教の思想を融合させようともしていた。

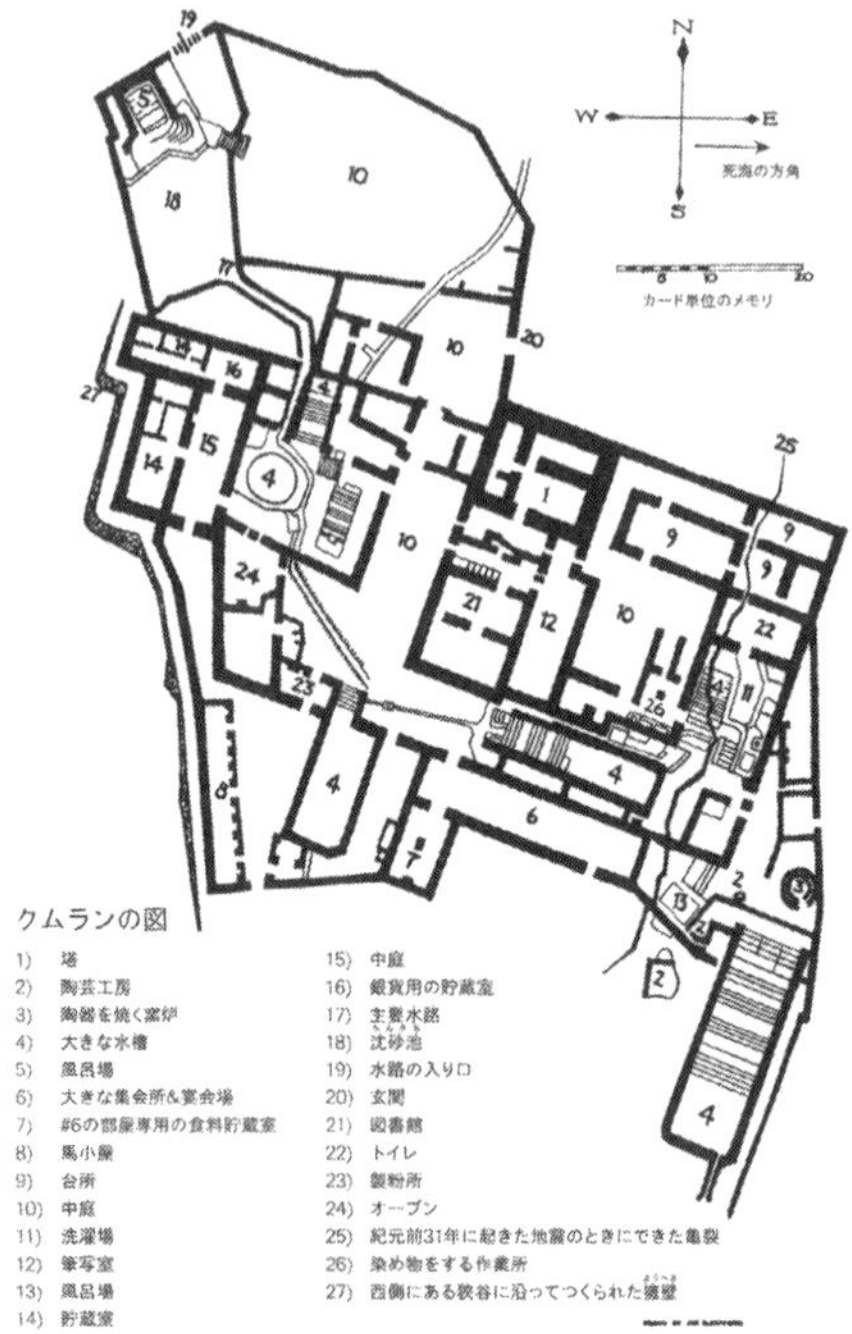

クムラン洞窟の構造
（中央に図書館と写本室がある）

その大規模な図書館には、ヘブライ語だけでなく、アラム語、エジプト語、ロマニ語の文献もあったとスディは語った。近年は、クムラン洞窟の発掘調査から巨大な図書館や写本室の存在も明らかになっている。

キリスト誕生の秘密

催眠術師ドロレスの著書を読み終えた後、私はさっそくその本を持って父の書斎に入り、主な内容を告げた。父よりも先に重要な情報を知ったので、自慢したかったのだ。

「へえ、そうかい。エッセネ派の実態を紹介したその本は初耳だなあ。それで、スディの弟子のイエスについてはどう語っているの?」と父は平然とした風で答えた。

ちっとも驚いていないので私は拍子抜けした。退行催眠や神がかりといった現象は、世界各地にあって珍しいものではないと思っているようだ。

「お父さんが一番知りたいのは、イエスの前半生だね。新約聖書には主にイエスの最後の三年間の活動しか書かれていない。前半生が隠されているのはなぜなのか。新約聖書はギリシャ語の読める人を対象にギリシャ語で書かれたから、その過程で不都合なものが消されてしまったのではないかと思うよ。現在の福音書と大きく違っているところをまず挙げてごらん」

「そうね、ヨセフの子イエスは、八歳から、師匠のスディの下でユダヤ教の聖典トーラーとモーゼの律法を教わったそうよ。髪の毛は明るい赤毛で灰色の透き通った瞳をしていたそう。学習中は黙って座っているが、観察力がとても鋭かったことにスディは驚いている」

「で、母親については？」

「母のマリアと父のヨセフは、エッセネ派の長老たちが二人の占星図を解読して選び、マリアが十六歳のときイエスが生まれたといっている。馬の飼われていた洞窟の中で生まれたそうよ。でも、処女懐胎だったとは述べていないわ。

父のヨセフは、母より相当高齢だったため、イエスが二十台のとき亡くなったそう。三人は、何度も同時期に生まれ変わっていたという。家業は大工だったので、イエスも大工仕事をしていた。家具つくりも上手だったそうよ」

「ほう、そうかね。ところで、エドガー・ケイシーというすごいアメリカの霊視者がいるよ。彼もイエスの誕生について霊視しているね」と言って、父は書斎の本棚から古書を引っ張り出してきた。『エドガー・ケイシーのキリストの秘密』という翻訳書であった。

それは、ケイシー（一八七七―一九四五）が、深い自己催眠に入り、イエスの生涯について読み取った珍しい記録であった。催眠は、自分にかけるものと他者にかけるものと二通りあるが、ケイシーの場合は自己催眠によって自分の過去生を観たのであった。ケイシーは、イエスと同じころエッセネ派の修行者であったと語っている。

「ケイシーの一九三二年の読み取りにも、イエスの母親はエッセネ派から選ばれたということが出ているよ。しかも、母マリアは処女懐胎だったと読み取りで断言している。

マリアとイエスは、双子の魂（ツイン・ソウル）だったそうだ。そして、驚くなかれ、マリアも母のアンから処女降誕したと霊視しているよ」

「そうなの？　だとすると、マリアが処女懐胎で身ごもったから、あわてて同じエッセネ派の中から夫になってくれる、しっかりした人を選び、イエスを養育させたということになるわね」

イエスは世界を旅していた

「おそらくそうだろうね」と父がうなずいた。

「福音の作者も、実際に受胎の現場を見て書いたわけではないから伝聞に基づいて書いたのだろうね。しかし、処女懐胎の問題は議論しても水かけ論争になるから、棚上げにしておこう。

で、成長期のイエスは何をしていたのかね」

「そして、イエスは十四歳でクムランを卒業した後、叔父さんに連れられて三年間の旅に出た。叔父さんのアリマタヤのヨセフは母親マリアの父の弟だったようね」

「アリマタヤのヨセフというと、処刑されたイエスの亡骸を引き取り、自分用に用意してあった墓にイエスを埋葬した人かな」

「ええ、そうよ。よくご存じね。彼はイエスの父親が亡くなった後、イエスの後見人となり、イエスを世界各地に連れて行った。イギリスやエジプトに連れて行き、インドの賢者たちを訪ね、中国にも渡ったと退行催眠で伝えられているわ」

「ほう、それは初耳だね。イエスの世界旅行は新約聖書には全く記述がないが、その旅行費用は誰が出してくれたのかな」

「その叔父さんよ。叔父さんは錫《すず》の貿易をしていた裕福な商人で、エルサレムに宮殿のような家を所有していたそうよ。イギリスのコーンウォールに錫鉱山を持ち、船団を率いて錫の塊を世界中に輸出していた。そのころ、錫と銅の混合物である青銅の需要が盛んだったからね。

イエスも、その船に乗って世界を歴訪した。一番よく訪れたのは、イギリスといわれている」

「すると、イエスも錫鉱山の山師をしていたのかな」と父が笑いながら言った。暢気《のんき》なものだ、こちらは真剣に話しているのにと思った。

「ご冗談を。イエスはイギリスではドルイドの神秘学校で学んでいたそうね。ドルイド教の歴史は古く、紀元前一八〇〇年ころからイギリスで組織され、大学や図書館をいくつも持っていた。ドルイドは太陽や月など自然の偉大な力を崇拝していたが、メシアの出現を待ち望む点でユダヤ教エッセネ派の信条と非常によく似ているといわれている。同じルーツから生まれたのではないか、という説もあるくらい」

「ほう、それは面白い。ドルイドの司祭が書き継いだ『コルブリンの書』という古伝にも、イエスはブリテン島に来ていたという記述があるよ。

さっき言ったケイシーのリーディングによるとね、イエスはペルシャで一年、インドでも三年間修行していたようだ。そのとき、占星術と心身の統一法を学んだという。

二十代のとき高齢の父親ヨセフが死亡したので、いちど故郷のパレスチナに戻ったが、そのとき、弟のヤコブとユダ、妹のルツもすでに成長していたという。

弟たちは、イエスがあまりにも奇妙なことをするので気違いになったと思ったようだね」

「はあ、そうなの。イエスには三人の弟妹がいたのね。でも、新郷村に来たというイスキリという名の弟はいなかったのね」

「もちろん、いるわけがないさ。イエスは、帰郷してからまもなく、エジプトのアレクサンドリアに渡り、さらにギザのピラミッドを訪問し、その中である秘儀の伝授を受けたという。ピラミッドの小部屋に籠り、父なる神に対し自分を捨て、奉献する作法を体得したようだね。その後、いろいろな超能力を発揮するようになったらしい。

超能力はさておいて、ここで、知りたいのは世界各地で学習したイエスの教えだけれど、退行催眠に現れたイエスは福音書にない独自の主張をしていなかったかい？」

「びっくりしたのは、イエスは輪廻転生の思想を説いていたという点ね。師匠のスディによると、イエスは、枯れた植物が春に芽を吹く姿を見て、人間の輪廻転生する姿にとてもよく似ていると言って感動していたそうよ」

「なるほど、聖書によると、当時の民衆は、洗礼を授けたヨハネは旧約の預言者エリアの生まれ変わりと信じていたようだから、イエスが輪廻説を唱えていたとしても不思議ではないね。おそらく、転生はエッセネ派の信条だったはずだ。

ところが、初期のキリスト教会は輪廻転生を異端の思想と考えていた。カルマ（因果）による輪廻を受け入れてはいなかった。これは重大な相違点だね」

「ええ、男が女に生まれ変わり、逆もあることをイエスは知っていた。イエスの弟子に女性も少なからずいたとスディは述べているけれども、初期の教会の歴史には女性の弟子は全く記されてないようね」

「それも注目すべき点だね。ギリシャ人たちは頭から女性を軽蔑していたから、女性の弟子がギリシャ人に布教することはなかったはずだ。ましてマグダラのマリアのような娼婦が、イエスの弟子であるはずがないと思い込んでいた」

父の話によると、イエスの弟子たちがギリシャやローマで布教を始めるにつれて、次第にイエスの教えから離れ、重点が移行してしまったのではないかという。ギリシャ人やローマ人に受け入れられやすい内容で、ギリシャ語やラテン語の聖書がまとめられていったようだが、それは文化伝搬の過程で避けられないことなのだろう。

「それと、意外なことに、奇跡についても、イエス自身は非常に冷めた見方をしていたようね。水をワインに代えたり、亡くなった直後の死者をよみがえらせたりしたけれども、奇跡と呼ばれる力は、誰も生まれながらに持っていると説いていたのよ。退行催眠によると、イエスは手から『輝く光』を出していたけれど、その能力を開花させるためには、断食と瞑想を行い、そして高次元の世界と波長を合わせ、その力を活用すればよいだけだと述べていたわ」

「ははあ、だんだん密教ヨガや仏教に近くなってきたね。インドの寺院には、イエスが来訪したという伝承があって、現地ではヨシュアと呼ばれていたらしい。

奇跡を起こす力は、インドを訪問したとき、ヨガの行者から学んだのかな。それともピラミッドの中で超能力を与えられたのかな」

「その両方かもね。一番驚いたのだけど、イエス本人は自分を神そのものと神格化するのは間違いだと語っている。確かに自分は神の一部だが、我々も皆、神の一部なのだ。だから、イエスを『神の使者』として受け入れるだけでよい。神の愛を信じれば、恵みが与えられるので、救世主メシアとして自分を崇める必要はないとはっきり述べているわ」

「そうだね、福音書の記述をみても、イエス本人は弟子たちに対し『私はメシアである』と自ら進んで宣言したことは一度もなかった。メシアというのは、油を注がれたものという意味で、この世の終末のときにイスラエルを解放してくれる政治的な救世主としてユダヤ人たちは待ち焦がれていたんだ」と父が語った。

「光の子」から「人の子」へ

父の説明によると、メシアのギリシャ語訳がクリストスで、日本語ではキリストという。現在のキリスト教会では、救世主イエスは、全人類の罪を背負うために十字架上で死んだとされていて、地中海地方で布教したパウロなどは、罪の贖《あがな》い主イエス・キリストを信じれば救われると説いていた。けれども、それはもしかすると、イエスの信条に反していたかもしれないと思われてきた。

「前から気になっていたのだけど、私にはメシアによる『救い』の意味がよくわからないわ。不治の病を治してもらったときに『救われた』というのはわかる。刑罰をまぬかれたことを『救われた』というのも理解できる。でも、パウロなどのいう『救い』とは、誰を何から救い出すのかな。メシアによる『救い』というのは、日本人にはなじみの薄い概念のようね」

私は、普段から疑問に思っていたことを率直に父に質問した。

もともと日本の古代には、「救う」という考えはなかったように感じていた。ケガレを「祓い清める」ことが日本人の習慣ではなかったろうか。「人類の原罪」という思想もなかったはずだ。

「極楽」や「地獄」のイメージも仏教から派生したもので、原初の神道にはなかった。だから、思い切って父に尋ねてみたのだ。

「『救い』についてては諸説があってね、聖霊あるいは信仰によって、主に出会い主とともにいることが一般に救いとされている。キリスト教の理論的基礎を築いたパウロは、人類の罪の贖い主としてのイエス・キリストを信じることが救いの道だと述べているよ。現在のプロテスタントは、おおむねパウロ教とみてよいのではないかな。だからと言って、現代のキリスト教に価値がないわけではないがね……」

「催眠術師のドロレスも、私と同じように、『救いとは何か』という疑問を持っていてね、イエスの師匠スディに聞いている。スディによると、天の恵みを受け取って魂の段階を上がり、自身を向上させていくことが救いであり、完全な魂の状態に到達するまで、人間は生まれ変わりを繰り返さなければならない。生まれ変わりを通じての霊的成長が救いである――それは、エッセネ派の預言に記されていると述べているのよ」

「ほう、その説は叡智を重視したグノーシス派に近いね。しかし、そうすると、救い主メシアは必要ないということにならないかな。何度も生まれ変われば、次第に霊的に向上していくとすると、罪深い人間を救い出すメシアは必要ないはずだね」

「ところがそうじゃないの。魂の階段を早く上がり、輪廻転生から早く抜け出すには、どうしても救い主のお力がいる。だから、伝統的なエッセネ派は、ユダヤ民族を早く隷従の輪廻から救い出す救世主メシアの誕生を待ち望んでいた。そのために、心身ともに清らかな母親を何代にもわたって育てようとしていた。

　イエスもメシアの候補として生まれ、養育されたに違いないと思うわ」

「でも、イエス自身は、この世に『神の使者』は登場しても、メシアは登場するはずがないと考えていたのではないかな。少なくとも、自分に関する限りメシアではないと主張した。それで、クムランの洞窟を離れて、故郷のナザレに帰ったのではなかったか。

　この救世主に対する見方の違いが、イエスがエッセネ派を離れる要因になったかもしれないね」

「えっ、どういうこと？　イエスはエッセネ派を離れていったの？」

「見てごらん。聖書には、イエスがエッセネ派を皮肉ったことが書かれている。ルカ福音書の第十二章だ。

不正をはたらいた財産管理人のたとえにおいて、『光の子ら』より、不正をはたらいた『この世の子ら』のほうが利口であるといっているのだよ」

「もう少し詳しく説明して」

「光の子というのは、『光の子』を自称していたエッセネ派を指している。自分たちは、この世の罪びとやパリサイ派などの『闇の子』に対抗する存在と考えていた。

しかし、そういう生真面目《きまじめ》なエッセネ派よりも、主人の処罰を免れようと帳簿をごまかした財産管理人のほうが利口であると皮肉ったのだね。

世界各地で修行し、癒しの超能力を授かったイエスには、ただメシアを静かに待つだけの瞑想生活は意味がないと思われたのではないかな」

私は驚いて、ルカ福音書の第十二章を読んでみた。ルカはパウロの弟子で教養ある医師であったが、ルカによれば、確かにイエスは皮肉たっぷりの表現をしていた。

「あなた方に言うが、不正の富を用いてでも、自分のために友だちをつくるがよい」

確かにその当時、イエスは「大食漢で大酒飲み、徴税人や律法を守らない罪びとの仲間だ」とパリサイ人から非難されていた。

どうも、晩年のイエスは孤独な隠遁生活よりも、「罪びとの友だち」と楽しく過ごす生活を好んでいたようだ。

また、イエスは民衆に語りかけるとき、非常に誇張した対比的な表現を愛用していた。

「富んでいるものが神の国に入るよりは、ラクダが針の穴を通るほうがもっとやさしい」

「私が来たのは、地上に火を投ずるためである。私は平和よりもむしろ分裂をもたらすために来たのだ」

どうやら、イエスはこうした劇的な表現で民衆を驚かせるのが好きだったように見える。このようなイエスの激しい性格では、瞑想と写本に明け暮れる禁欲的なエッセネ派には長くとどまることはできないだろうと思われた。砂漠の洞窟の中では、ワインや肉食は固く禁じられ、饒舌よりも瞑想が重んじられていたのである。

結局、イエスは、「光の子」を自称するエッセネ集団から抜け出し、民衆の中に飛び込み、民衆とともに歩んでいく「人の子」となることを選んだのではなかったか――。

イエスにも過去生があった

そんなことを考えているうちに、私の脳裏に、ふとある閃《ひらめ》きが浮かんできた。

「あ、そうか、エッセネ派が待ち望んでいた救い主メシアというのは、他民族に隷従してきたユダヤ人を長い隷従の輪廻転生から救い出してくれる高貴な存在のことだったのかもしれない。そうすると、救い主は転生を超えたものでなければならないということになる。少なくとも、メシアとして登場する人物は、過去生があったとしてもそれ以降は転生しないということに、理論上はなるはずよね」

「なるほど、いいところに気がついたね。ユダヤ人を転生から救い出すメシア本人は、転生を超えたものでなければならないということだな。

結局、再度この世に現れるかどうかが、最終的なメシアか否かの分かれ目になるだろうね。それについて面白いケイシー・リーディングがあるから、見てみようか」と言って、父はまた翻訳本をめくり始めた。

「ここだ。一九三二年六月のケイシーの読み取りによると、イエスはそれまで三十回の生まれ変わりを経験したと語っている。英語では、インカーネイション（受肉）と呼んでいるがね。

イエスは、最初はアトランティス時代にアミリウスとして受肉し、アトランティスの沈没後はアダムとして受肉していた。また、イエスがメルキゼデクとして受肉したときに書いたのが『ヨブ記』だったという。

そしてなんと、ペルシャの預言者ゾロアスターの父親としての過去生を持っていたというのだよ。そのときの名をゼンドといったそうだ」

「ええっ。ゾロアスターの父親の過去生もあったの？　ペルシャのゾロアスター教とも無縁ではなかったのね。じゃあ、もしイエスが死後にイスラムの預言者として登場していることが霊視されたとすると、キリスト教とイスラムの根深い対立はたちまち消えてしまうわね。

世界平和のために、再びケイシーが偉大な霊視家として登場し、イエスのその後の転生を霊視してほしいなあ」

「あははあ。それは愉快な考えだな。さすが、わが娘だけあって、発想が飛んでいる。その延長でいうと、十字架に磔になったイエスが三日目に復活したのは、このように生まれ変わりがあるということを、実際に知らせようとしたともいえるね。エッセネ派の主張を、身をもって証明したといってよいのではないか。

イエス自身は、しかし、洞窟にとどまらず、民衆の中に入っていき、人の子として民衆とともに歩むことを選択した。そして転生を超越した神は、ただ独りであることを述べ、その神に帰依することを終生説き続けたのではなかったか」

「お父さんもだんだん、調子に乗ってきたようね。

でも変ね。人は死んでもまた何度もこの世に生まれ変わるとすると、この世の終わりはないということにならない？　少なくとも、この世の終末に対する不安がなくなるのではないかしら？」

「うーん。また面白いことに気づいたね。もしかすると、エッセネ派の持っていた終末観というのは、地球の終末のことではなく、エッセネ派の終末に対する危機感だったかもしれない。

つまり、修行者の中に、紀元六八年にローマ軍の攻撃を受けてクムランの施設が完全に破壊されることを予見していた者がきっといたはずだ。そして、破壊に備え、クムランの秘教的な巻物を人目につかない洞窟の奥深くに埋め込んだに違いない。そう考えてはどうかな」

「そう考えると、イエスの師匠スディが、クムランの伝えてきた叡智は思い出される時期が来る、必ず来ると語っていることとぴったり符合するわね」

「ところがもう、現代のキリスト教会は終末論をあまり説かなくなってきたね。以前には、終末が近いから裁かれる前に悔い改めよと繰り返し言ってきたが、オオカミ少年のような発言と飽きられてきたのかもしれないね。あるいは、終末のときにイエスが再臨すると、この世に転生してきたことになるからメシアでなくなるという矛盾に気がついたのかな――。

おやおや、もう大学に出張講義に行く時間だ。この辺で今日は切り上げよう」

父は腕時計を見やって椅子から立ち上がり、講義ノートなどを使い古した鞄に詰め始めた。父のアルバイトも結構忙しいのである。私も、頭が疲れてきたのでちょうどよい潮時だった。

結局、キリスト教の終末も救いも、エッセネ派の生まれ変わりも、ユダヤ人の時間観と密接につながっているらしいと思われた。ユダヤ人たちは、時間が過去から未来に向けて一直線に流れていると想定し、ユダヤ人の歴史は、過去の隷従から未来の解放に向かっていく長い時間の流れととらえた。ユダヤ人マルクスの歴史観も、この延長にあるのだろう。また彼らは、時間は流れるにつれ金利を生んでくれるものと考えた。仕事を休んでいるはずの安息日でも高い金利を稼いでくれるのだから、ずるい時間の発明といってよい。

そしてキリスト教徒のほうも、人類の歴史において一回かぎり救世主キリストが出現し、過去の堕落から救済される道を教えてくれたものと信じた。

時間の流れは直線的で、キリストは再臨以外に二度と戻らないことを、「一回性」と表現し、キリスト信者はこれを強調する。彼らは、唯一至上の神への信仰、すなわち「新しい契約」によって時間を超えることができると信じている。

しかし、ユダヤに劣らず長い歴史を持つ日本人に、その考えはどうもなじめないものがある。

過去は二度と戻らず、過去と現在は交わらないという考えは狭すぎるように感じる。その証拠に、縄文の巫女さんたちも峠のお茶屋のお婆さんも、過去の祖霊を自由に呼び出していたではないか。

祖霊たちは現在の時空の裏側に、別の次元に今も住んでいるのではないのか。だから口寄せが可能となるのではないか。過去に住んでいた偉大な祖霊たちは、今も何らかのメッセージを伝えようとしているのではないだろうか。それを聞き取れないのは、私たちのアンテナが錆びついているためではないのか。

では、日本古来の伝統的な時空観はどういうものであったのか、過去における創造と未来における終末という観念はあったのだろうか。また、鋭敏な感覚を持つ巫女さんたちの体を流れている時間とはどういうものなのか、次はそれを調べてみなければならないと思った。

Ⅲ　イエスの修行は神ながらの道だったのか

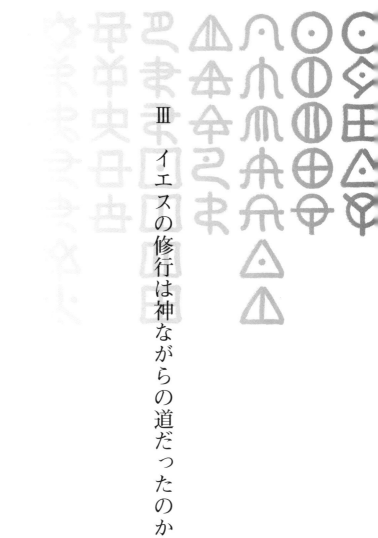

エッセネ派の平安福音書

翌日の夕方、私が台所でサラダ用のレタスを切っているときに、父がいきなり緑色の本を持って現れた。普段は台所に出入りしない父なのに、どうしたのかなと思った。母は、一昨日から山形県の羽黒山のほうに友だちとバス旅行していたから、私が簡単な夕食を作っていたのだ。父の好きなハムサンドなら、すぐ出来上がる。

緑色の洋書を手にした父は、少し興奮した声で語り始めた。

「この本は、『エッセネ派の平安福音書』(The Gospel of Love and Peace) というが、非常に面白いよ。昨日の催眠術師の本には、エッセネ派の修行法が載ってなかったけれど、これにはミソギや断食の仕方はもちろん、日々の祈り方や信仰する神々についても書かれている。エッセネ派の信仰の内容が詳しく載っている画期的な本だ」

「著者はどんな人?」

「エドモンド・セイケイというルーマニア人で、同国のクルージュ大学の哲学教授を務めていたことがある。サンスクリット、アラム語、ギリシャ語、ラテン語など十七か国語をこなせる語学の天才だ。パリ大学やウィーン大学、ライプツィッヒ大学で学位をとった国際色豊かな人物だね」

「今も生きてる人？」私は野菜サラダをお皿に盛りつけながら質問した。

「いや、残念なことに一九七九年にアメリカでなくなった。晩年はエッセネ派の菜食中心の食養法を広め、アメリカのエッセネ派教会の指導もしていたという」

説明を聞いて、私は次第に興味をそそられてきた。

菜食がベストと信じていたから、もっと詳しく話を聞きたいと思った。出来上がった

エッセネ派の平安福音書

エドモンド・セイケイ

野菜サンドと父用のハムサンドを食卓に並べて、父の解説に耳を傾けた。

「彼は、国際食養協会を設立して西欧人の肉食生活を改めさせようとした人物だ。日本の菜食法や呼吸法なども高く買っていたね。でもそれ以上に面白いのは、エッセネ派の修行法を詳しく描いたこの本だよ」


父の説明によると、一九二八年にエドモンド・セイケイは、エッセネ派の平安福音書の第一巻の翻訳を出版した。

それは、ヴァチカンの秘密文書保管庫とハプスブルク家の図書室とモンテカシノの聖ベネディクト修道院に保管されていたものだという。残りの第二巻から第四巻までは戦後に翻訳出版され、大変な評判を呼び百万部以上の売り上げを記録した。

だが、出版されるや否や、教会に近い学者たちはセイケイの創作した詩集にすぎないと非難した。他方、擁護する人たちは、ヴァチカンは本当の歴史を隠蔽しており、これこそイエスの実践した道だと賛同した。

この平安福音書こそ、新約聖書よりも瞑想するのにふさわしい霊性の書だと激賞した。

セイケイの書いた序文によると、エッセネ派の教えの起源は、約一万年前のシュメールにあり、シュメールの陶片に断片的にその記録が残っているという。

シュメールの教えは、古代ペルシャに入りゾロアスター教（経典はゼンド・アヴェスタ）として整備され、古代インドにおいてヴェーダ、ウパニシャド哲学、ヨガの身体作法と発展した。シュメール思想を受け継いだエッセネ派が滅亡した後、その教えを部分的に受け継いだのがフリーメイソン、グノーシス派、カバラ派であり、それらに共通する「生命の樹」の図象は、エッセネ派の伝承に由来するという。

「母への祈り」があった

父は、以上のようにざっと背景を説明したのち、こう語った。

「この平安福音書の最大の特徴は、『地なる母』を『天なる父』と同列に掲げていることだね。ローマ教会が四世紀に編集した新約聖書では、『天にましますます父』に呼び掛ける祈りしか登場しないが、セイケイの平安福音書では、『地にまします母』にも平等に祈りを捧げているんだよ」

「比較してみようか」と言って、父はコーヒーを一口飲んだ後、唱え始めた。父は学生時代にキリスト教会に通っていたことがあるそうで、よどみのない慣れた口調だった。落ち着いた朗らかな父の声は、胸にしみとおった。

――天にましますまします我らの父よ、願わくは　み名を崇めさせたまえ。御国を来たらせたまえ。御心《みこころ》の天になる如く地にもならせたまえ。我らの日用の糧を今日も与えたまえ。我らに罪を犯す者を我らが赦す如く我らの罪をも赦したまえ。我らを試みに遭わせず悪より救い出したまえ。国と力と栄えとは限りなく父のものなればなり。アーメン――

「これが、現代のキリスト教会で唱えている父への祈りだね。これに対して地にましますまします母への祈りも、セイケイの福音書では、父への祈りのすぐ後に出ているんだよ。こういう祈りだ」

――地にましますまします我らの母よ、願わくはみ名を崇めさせたまえ。御国を来たらせたまえ。御心の母の内になる如く我らの内にもならせたまえ。日々御使《みつかい》を送りたまう如く、我らにも御使を送りたまえ。母に対する罪を我らがすべて償う如く、我らの罪を赦したまえ。我らを病に遭わせず悪より救い出したまえ。地と体と健康とは母のものなればなり。アーメン――

父は補足して言った。

「この平安福音書は、人の心は天なる父の心から創られており、体は地なる母の体から生まれたものだと述べているね。人の子は父の子であり母の子でもあるから、父と母の掟を守り、祈りと断食を通して心と体の平安をいただき、さらに皆に平安を分け与えていきなさい、と平安福音書のイエスは説いているよ」

「そうなの。父と母を平等に並べている点は、男女を差別しないイエスにふさわしいわね。でも、どうやってセイケイは、ヴァチカンの最奥の秘密文書庫に入れたのかしら。不思議議ね」

「その経緯をまとめて言うとね、熱心な青年学徒のセイケイは十八歳でカトリックの僧院を首席卒業したのだが、そのとき、僧院の老師からヴァチカンの秘密書庫の長官への紹介状を渡されたという。

そして、『君が敬愛している聖フランシスの思想の源流がこの秘密の書庫に隠されているはずだから調べてごらん』と告げられたのだ」

「聖フランシスというと、菜食と瞑想に徹して、小鳥とも会話のできた聖人でしたね」

「そう、そしてセイケイが秘密書庫を調査してみたところ、四世紀の聖書学者の聖ジェロームがエジプトのアレクサンドリアなどで収集、翻訳したエッセネ派文書が秘密書庫にあり、それがアッシジの聖フランシスにも伝わっていたことがわかったそうだ」

「そうだったの。清貧の隠者、聖フランシスもエッセネ派だったのね。初めて知ったわ。

そういう経緯がはっきりしているなら、エッセネ派の平安福音書なるものはセイケイ自身の創作ではなさそうね」

「そうだな、死海文書の発見されていない戦前にこれを発表することは、とても勇気のいることだったはずだ。エッセネ派の存在は、戦後になって死海文書などでようやく知られ始めたのだからね。パリ大学などで学位を得た高名な哲学教授セイケイが、自分の名声を傷つける覚悟をしてまで、わざわざ古文書を捏造するとは考えられないね」

ヘチマ浣腸で清める

「さっき、おっしゃったけど、セイケイは肉食を止めさせようと国際食養協会を設立したそうね。エッセネ派の教えを復活させようとしたのね」

「うん、平安福音書の第一部でイエスはこう言っているね。殺したものを口にすると、その死んだものもまたあなたたちを殺すことになるから、食べてはいけません。また、火にかけたり、凍らせたり、焼いたり、煮たりしてその性質を変えた物は一切取らないこと。樹の果実や畑の作物や動物の乳なら、母の生命の炎をそのまま取り入れるので何を食べてもよろしい、とね」

「まあ、まるで江戸時代の木食上人《もくじきしょうにん》のようね。木食上人は、肉食を避け、木の実と野草だけ食べながら全国を巡り、仏像を彫り続けた修業僧だと学校で教わったわ。それは、縄文時代の長寿の食事法だったといわれている」

父は、英文の詰まったページを繰《く》りながら、説明を続けた。

木食上人の木像

「そればかりではないよ。こんな注意もしている。読んでみようか」

——そしてものを食べるときは腹いっぱい食べるものではありません。……また食物をよく噛んで食べてください。噛めば、水分が増えて、水の天使が体内でそれを血液に代えてくださいます。……食事は、食欲の天使たちに呼ばれるまでは、食卓についてはなりません。しかし、食事が癖になっているなら、太陽が天に一番高く上がるときに一回食べ、日が暮れてからもう一回軽く食事をします。……するとあなた方は、もう二度と病気をみることはありますまい。三回以上食べてはなりません——

「そうなの。じゃ、三食している私たちは失格ね」

「そして、極めつけは七日間の断食を奨励していることだ。翻訳してみようか」

――自らを新たにして食を断つがよろしい。自分から進んでひとりだけになって断食に入りなさい。断食中は、履物や衣類を脱ぎ捨てて、風の天使があなたの全身を包むに任せるのです。そして長く深い呼吸を行って風の天使を体内に招き入れるようにします。次に水の天使を招きます。あなたの体を外と内から汚している不浄なるものを全部洗い流してくれます。外側だけをきれいにしただけでは不十分です。体の内側の汚れは、外側の汚れよりもはるかに大きいからです――

「風の天使と水の天使が登場するのね。私たちは、毎日お風呂に入って体の外を清めるけれども、内側はどうやってきれいにするの？」

「それが面白いんだ。しばらく聞いてごらん」

――まず、大きなヒョウタンを探し、その中身をくりぬき、川の水を太陽の熱で温めてからその中に入れます。ヒョウタンを木の枝につるして、地面に四つん這いになり、穴をあけたヒョウタンのツルの先端を肛門に差し込み、水を腸の中に入れるのです。……それから入れた水を排泄して悪魔の不浄なもののすべてを洗い流すのです。断食するたびにこの水の洗礼を繰り返して、体内から流れ出る水が、川の水のように清らかなものになるまでそれを続けます――

「イヤーね、それは男性用ね。とても女性にはお勧めできないわ。イエスのいう水の洗礼とは、額に水を少しつけるだけではなかったのね。さすが、潔癖症のイエスは徹底しているわね。それで終わり?」

「いやいや、まだあるよ」

――もしこの洗礼の後でも、過去に犯した罪がまだ取り切れないで残っているようであれば、陽光の天使を探すのです。履物と衣類を脱ぎ捨てて、陽光の天使が全身を包むに任せます。それから、深く長い呼吸を行って陽光の天使を体内深く迎え入れるのです。風と水と陽光の天使たちは神の遣わされたもので、特に断食の期間中はともに居ていただかねばなりません――

「うわー、エッセネ派は、地なる母をとても大事にし、風と水と光の天使を迎えていたようね。それは地球環境にとってもとても大事なことね。

人類はこれまで勝手に熱帯雨林を破壊したり、海や川や空を汚したりしてきたけれど、それは母なる地球を忘れていたためではないだろうか。父の精神性にばかり気をとられて、母の身体性を忘れていたのではないかしら」

「その通り。創世記には、『産めよ、増やせよ、地上に這う生き物を支配せよ』と説いているね。人間は霊長なのだから、山林を伐採し、牛や羊を増やして食べるのが神の御旨にかなうと教会も教えてきた。牛や樹にも母なる高貴な生命が宿っているということには、目を背けてきたのではないかな」

「それで思い出したわ。アメリカ人で肝臓の移植を受けた人が、それまでは一滴も酒が飲めなかったのに急に酒が飲みたくなった。原因を調べたところ、肝臓の提供者が大酒飲みだったそうよ。その肝臓が、酒を欲しがっていたのよ。

とすると、殺された牛の肉や内臓にも、悲しみの気が宿っているはずよ。あるいは、激しい恨みの念がこもっているかもしれない。牛の肉を食べて平然としている人の気持ちがわからないわ。それは、『母に対する罪』ではないかしら」

野菜サンドをいただいていた私は、肉食は体を汚すから、清浄な体を与えてくれた「母に対する罪」ではないかと思った。

地なる母の命をいただくには、木の実や野菜をたっぷり食べなければならない。殺された動物の肉を食べると、その恨みで母なる身体を殺すことになるのではないだろうか。

「うーん、それだけ現代人は鈍感になってきたということだね。すべて栄養学で割り切って判断するから、肉食すると牛や豚の怨念が入ってくるということに気づかないのだね。

だから、毎日たくさんの肉を食べている欧米人や中国人は、非常に闘争的になるのだろうな。肉体は神の宿る聖なる神殿でもあるのだから、もっと体の中を清める必要があるなあ」

「ちょっと待って、お父さん。そう気づいたからには、そのハムサンドはもう食べられないはずよ。こっちの野菜サンドにしたら?」

父は、苦虫をかみつぶしたような表情で、ハムサンドを取ろうとした手を引っ込めた。

久しぶりに一本取ったと心の中で快哉《かいさい》を叫んだが、私はそしらぬ顔をしていた。ハムには、有害な化学物質もたっぷり含まれているのを父は知らないようだ。

日本のカミは？

父は、しぶしぶ野菜サンドに手を伸ばし、頬張りながら続けた。

「それから、セイケイの英訳本では、風と水と光の御使《みつかい》は、『天使（エンジェル）』と書かれている。わが神道では、お日さんやお月さん、それに水、火、風による祓い清めの力は、カミと呼ばれているから、エッセネ派の『天使たち』はカミガミと呼んでいいのではないかと思えてきたね。

ところが、日本語訳の聖書には唯一のゴッドに『神』という用語を当てはめている。紛らわしくて困るね」

「そうね、キリスト教のゴッドと天使は区別すべきよね。ゴッドは、いつごろから『神』

と表記されるようになったの？」

「振り返ってみるとね、我が国で最初に聖書を翻訳したのは、幕末に来日した米人宣教師のヘボンだった。

彼は、ヘボン式ローマ字を我が国に伝えたが、一八七二年に聖書の翻訳を行ったとき、プロテスタント訳の中国語聖書に倣って、ゴッドを『神《しん》』と訳し、それを日本人の信者は旧来の読みに従い、カミと呼んでいた」

「ヘボンのせいで、ゴッドが神になったのね。他の訳はなかったの？」

「面白いことに、現地の文化をよく研究するカトリック教会は別でね、デウスの訳語として『天主』を用い、『神』という訳語は使わなかった。

しかし、プロテスタント訳の聖書が全国に普及するにつれて『神』が定着し、キリスト教の超越的な創造神と日本のカミが混同されるようになってしまった。

そこから、重大な文化誤解が始まったんだな」

「なるほど、そういうわけだったの。じゃあ、日本のカミさまってどんな存在なの？カミという言葉はどこから生まれたのかしら。

学校では、そういう基本的なことは少しも教えてくれないのよ」

「文部省は、宗教の学習については、明治維新以来、無関心だったね。むしろ、信仰や宗教を排除するのが、文明開化と考えていた。

それはともかく、カミの語源については、京都大学の国語学者、坂倉篤義先生の意見を僕は支持しているよ」

父が説明してくれた坂倉先生の意見によると、カミはクマを語源としているという。クマは隠れるという意味の動詞クムの名詞形で、「隠れたもの」を意味している。確かに、山の奥深いところは、久万、球磨、熊と呼ばれている。このクマが母音変換によってカムとなり、接尾詞イをつけてカムイ、さらにカミと変化した。だから、カミの原意は「奥深くに隠れた存在」という意味だという。

「へえ、原意はそうなの。じゃ、今のカミさまの定義はどうなってるの？」

「決まった定義はないんだよ。本居宣長など国学者たちはいろいろ考案しているがね、日本のカミは様々な自然神、人格神や機能神を含んでいるが、同時に偉人や祖先がカミとしてまつられ、生きている天皇もカミとして崇敬される。恐れ多い女房もカミさんと呼ばれているね。

だって、うちのカミさんは、主人の同意も求めず、勝手に友だちと旅に出かけているではないかね。それも、カミさんが家の財布を管理しているから自由なことができるのさ。

これほど、男女が対等な力を持っている国はないさ」

どうやら父は、母が羽黒山のほうに勝手に友人とバス旅行に出かけたことに不満を持っているらしい。母は、毎月振り込まれてくる給料を管理しているが、父への小遣いは気前よく出してくれないことも根に持っているようだ。

「でも最近、森喜朗元首相が、女が入ると議論が長引いて困ると発言して、テレビなどで叩かれたわね」

「それは、記者たちが欧米の平等の観念にすっかり洗脳されたからだよ。日本では、男女は棲み分けをしているのだね。

対外的な仕事は力のある男が担当し、内の財務と子育ては情愛のある女が担当し平等に権力を分担している。こんなことは、欧米では考えられないよ」

「そうね、テレビ局や新聞社も、本当に平等を主張するなら、女性幹部が半分はいなければならないはずね。でもほとんどいない。報道機関は、偽善者の集まりということになるわね」


「やっとわかってきたようだな。テレビや新聞は、いつも不安を掻き立てる新しい物語を探し求めている。『男女の不平等』や『コロナ感染者の増加』という物語もその一つだ。いや、マスメディアだけではない。人も国も、物語なくして生きられないのだ。自分を正当化する物語をいつも求めているから、対立と混乱が絶えないのだな」

「そうねえ、特に神をめぐる物語になると、キリスト教も、イスラム教もユダヤ教も角を突き合わせているわね。相手を傷つけない神の物語がどうして生まれないのかしら」

「それで思い出したが、森元首相はかつて『日本は神の国だ』と言って、新聞などから猛烈な批判を浴びたことがある。それを知ったアメリカの記者は不思議がっていたね。アメリカの大統領が『アメリカは神の国だ』と言えば拍手喝采を浴びるのに、なぜ日本の首相は非難されるのか、とね」

「かなり昔の話なのね。でも、どうして記者たちは一斉に森首相を非難したの？」

「考えてみると、その原因は、『神』の混同にあったのだよ。日本の記者たちは、キリスト教の神概念にすっかり洗脳されていたから、『最高神の国、日本というのは独善的ではないか』と批判した。

だが、石川県出身の旧い世代の森首相は、たくさんのカミガミがましますの国の意味で用いたんだ。だから、正確に『日本は神々の国』と言っておけば、問題はなかった。

それもこれも、元をただせば、不勉強なプロテスタントの宣教師たちが文化誤解の種をまいたおかげだね」

「じゃ、日本人には、唯一の最高神の観念はないの？」

「ないこともない。なぜなら、さっき言っただろう。カミの原意は『奥深くに隠れた存在』だと。だから、カミの奥にさらにカミがあるともいえる。

日本人は、カミを探求していけば、さらに奥にましますカミが存在すると直感していた。親の親、祖先の祖先を奥深く探していけば、宇宙の根源神に至るだろう、それを、アメノミナカヌシともアメミヲヤとも表現していたが、欧米と違って綿密に言上げしようとしなかった。

なぜなら、どこまでも追いかけて言語化しようとしても、なおも奥にカミがましますことを知っていたからだ」

父は宙を見上げ、何か昔のことを思い出しているかのように話を続けた。

「いってみれば、日本のカミは片想《おも》いの恋に似ているね。カミは、近づけば近づくほど、さらに奥のほうに身を隠していく存在だ。隠れることによってカミへの接近を誘惑しているともいえる。

片想いの恋は、ふられても裏切られても、燃え尽きるまで追いかけていく道だが、それとよく似ているね」

おやおや、まさか謹厳実直にみえる父から片想いの恋の話を聞こうとは思わなかった。母と結婚する前に、誰か片想いの相手がいたのかなと思えてきた。しかし、それを追求するのは野暮に違いない。なぜって、追求すればするほど真実はなお奥深くに隠れようとするのだから――。

聖書には命がない

夕食を終えた父は、冷蔵庫からビールを取り出して、飲み始めた。缶ビールを毎晩二缶あけるのが、習慣となっている。

「若いころは、日本酒の一升瓶を友人と二人で空《あ》けたこともあったが、最近は弱くなってね、この缶ビールですぐ酔った気分になる。酔いの状態で、自分とは何かと探してみると、日中仕事をしている自分とは違う存在が奥にいることに気がつくんだ。それもそのはず、僕はカミさまなんだ。すなわち、『奥深くに隠れている存在』だから、当然のことなんだがね。はっは」

こんなに酔ってふざけた父を見たことがなかった。うるさい母はバス旅行に出かけて不在、素直に話を聞いてくれる娘がいるので、気が楽になったのかもしれない。

このまましばらく、話を続けさせようと思った。

「そこでもう一度、エッセネ派のイエスに戻るね。大事なことがこの平安福音書の一節に書かれているんだ。あるとき、民衆が『私たちは、律法者であるモーゼのお定めになった掟に従っていますが、足りないのでしょうか』と尋ねた。イエスは次のように答えている」

――書かれたものの中に真の掟を探してはいけない。なぜなら、掟は生きているものだが、書物は生命を持っていないからだ。モーゼがその掟を神から授けられたときには、生きた言葉を通じて受け取ったのだった。命あるすべてのもののうちに、掟は書き記されている。草の中に、樹の中に、川の水の中に、山の中に、空を飛ぶ小鳥たちの中に、海に泳ぐ魚たちの中に書かれているではないか――

――それを探そうとする場合には、あなた自身の中にそれを探すのがよい。神はその掟を聖書の中に記したのではなく、あなた方の心の中に、その魂の中に書き記したのだから。掟は、あなたの息吹の中に、血の中に骨の中に、目の中に耳の中にある。どうして、神の創られたものの中に記されている神の言葉に、あなた方は耳を傾けようとしないのか。なぜ、人間の手で作られた命なき聖書を研究しようとするのか――

この一節を聞けば、当時のパリサイ派などの律法学者たちは激怒したことであろう。おそらく現代のまじめな聖書研究者たちも、不愉快に思うに違いない。何しろ、人間の編集した聖書には命がないというのだから。

「このイエスの答えは、メッチャ過激な発言ね。これでは、イエスが磔の刑になってもやむを得ないわね。でも日本人にとっては、至極当然のことを言ったにすぎないと思うわ。

水の中には水のカミがいて、火の中には火のカミが、太陽の中には光のカミがましますという感覚は、日本人が普段から持っているわ」

「そうだね。江戸時代の偉大な思想家、二宮尊徳先生はこんな歌を詠んでいたね。覚えているかい？

音もなく香《か》もなく　つねに天地《あめつち》は　書かざる経を繰りかへしつつ

ポイントはここなんだ。イエスも、命のない聖書を研究する時間があるなら、断食して父なるカミ、母なるカミに祈るほか、太陽のカミ、風のカミ、水のカミなどにも感謝しつつ祈りを捧げ、交流しなさい、感応道交しなさいといっている。

例えば、『太陽への祈り』というのがあるが、その後半を読んでみようか」

――輝ける太陽のカミよ、火と命は汝とともにあり、緑の木の葉も汝を崇め、麦の種は汝によりて黄金の野原となり、風と共に来りてわが体の内なる花を開かせり。太陽のカミよ、地なる母の清らな御使よ、わが内なる清らな神殿に入り、命の火を我に与えたまえ――

父は、ついで「水への祈り」の後半も朗々と読み上げた。ビールの酔いが少し回ってきたのか、翻訳を続ける父の口調が滑らかになってきた。

――七つの国々に広がるあらゆる水のカミよ、造り主の造られし水はすべて清らかなり。主の声は水の上に響き、稲妻のカミが鳴り渡り、主は水の上にまします。水のカミよ、地なる母の清らかな御使よ、わが血の中に入り、天から落ち来る雨でわが体を洗いたまえ、そして命の水を我に与えたまえ――

父は流暢に語り続けた。

「イエスはね、『神殿を三日間で建て直す』と宣言して、パリサイ派の神官から嘲笑されたことがあるが、イエスの言った『神殿』とは身体のことだったのだね。三日間、断食と沐浴と瞑想に集中し、火と水など母の力を吸収すれば、壊れた身体の神殿は元に戻ると教えていたのだね」

生命の樹とメノラー

「それから、これを見てごらん。生命の樹と呼ばれているものだ。一本の樹に、天なる父と地なる母、そして十二の御使《みつかい》のカミガミを表している。エッセネ派独特の生命の樹だよ」

父は、平安福音書の末尾に掲載されている図象を示しながら言った。

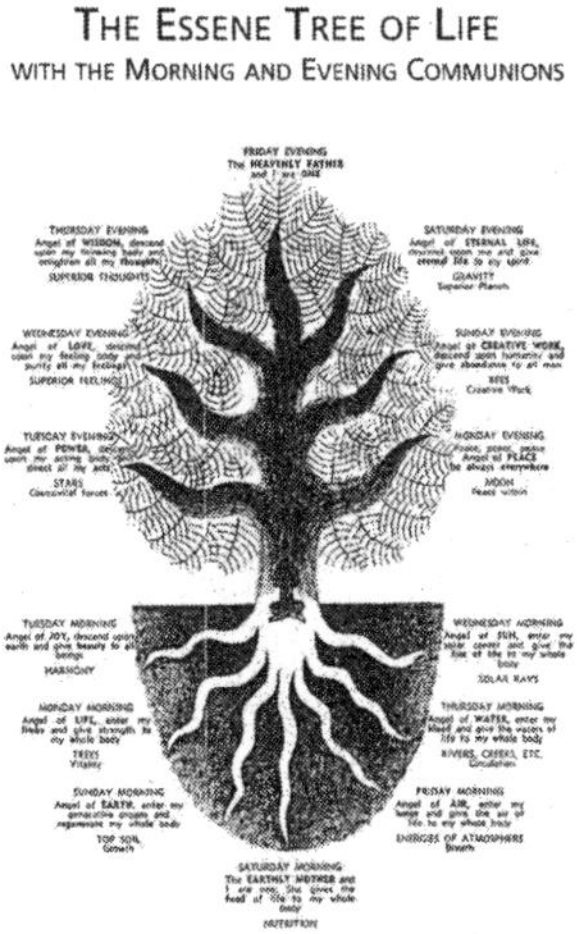

エッセネ派の「生命の樹」

「この生命の樹は、天なる父と御使のカミガミ、地なる母と御使のカミガミの相関を一本の樹になぞらえたものだ。天なる父は、天に伸びる中心の幹で示され、地なる母は、地下に潜る中心の根で示されているね。

その両側に伸びる六本の枝は、愛と叡智、力と創造、永遠の生命のカミガミなどを示し、六本の根は、光、水、風、地などの御使のカミガミを示している」

この生命の樹を見て、私は驚いた。

「アッ、これはイスラエルの国章メノラーじゃない？　新郷村のキリスト伝承館で見た七枝の燭台にそっくりね。国章には、左右に樹の枝が並んでいるから、元は七つの枝であったはずよ」

「そうだね。燭台のメノラーは闇を照らす光の象徴とされている。ただし、エッセネ

イスラエルの国章メノラー

派の生命の樹の上半分しかない。いつのころかわからないが、下半分の母の根っこは削られたのではないかな。たぶん長い歴史の中でユダヤ教も変質していき、母の力を忘れていったのだろうなあ」

「もう一つ、私がメノラーを見てびっくりしたのは、メノラーが奈良の石上神宮に伝わっている七支刀《しちしとう》とよく似ていることね。高校の卒業旅行で東京の国立博物館に行ったとき、見た覚えがあるわ」

石上神宮の七支刀（国宝）

「なかなか直感が鋭いね。日本書紀によると、その七支刀は、百済の王から神功皇后に献上されたと記録がある。西暦では三七二年ころになる。

刀の銘には、倭王の長寿と大吉祥をもたらす呪刀であるという象嵌《ぞうがん》があるが、七支刀の原型は、もしかすると中央アジアから中国に伝わり、それを真似して百済が鋳造したのかもしれないね。

七支刀よりもっと複雑なのは、カバラの『生命の樹』といわれるものだよ。スマホで調べてごらん」

さっそく、スマホで検索してみると、その図象が現れた。十個の樹の実（セフィラ）を二十二本の枝で結び付けたものだ。平面的に描かれているが、どうやらある立体を表しているように見える。

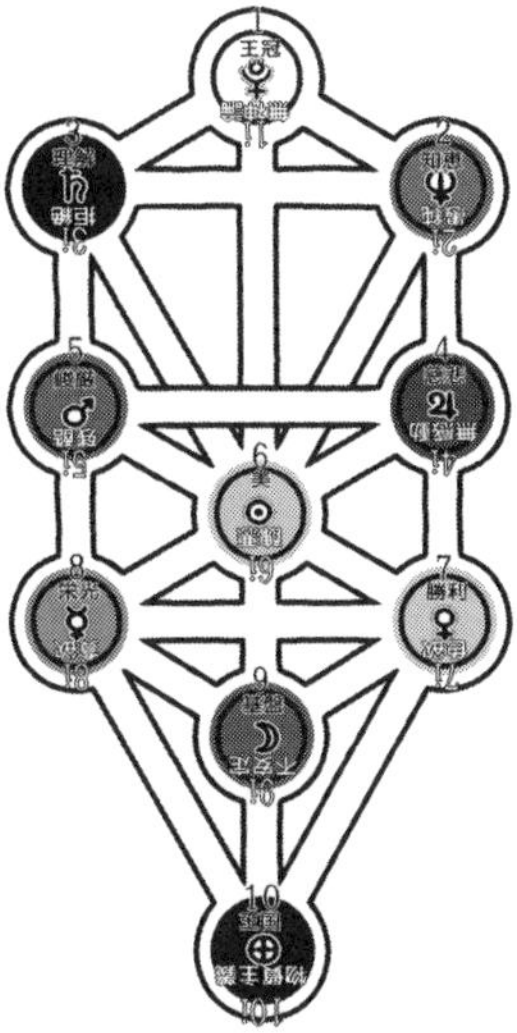

カバラの「生命の樹」（セフィロート）

この図形は十六世紀にスペインで発見されたもので、古代エジプトに由来するものらしいが、のちにユダヤ教のカバラ派がこれを取り込み、いろいろな解釈を加えている。

代表的な解釈は、頂点の王冠の実から、理解の実、知識の実、慈悲、栄光、勝利などの実が流れ出し、最終の叡智の実に行きつくという修行の道筋を示しているというものである。また、頂上にある不滅の王冠から神の意志が流れ出し、多神の世界に流入し、さらに人間の心理界、自然界に流入してそれぞれの世界を創りだしたとする見方もある。あるいは、人体の裏表のチャクラを表現したもので、すべてのチャクラの実を拓《ひら》くと永遠の命を得るという解釈もある。

石上《いそのかみ》の十種《とくさ》の神宝

父は、十個の玉を指さしながら解説を続けた。

「どうだい、中央の柱から、六本の枝が分かれているではないかい。この図の中に七支刀が隠れているとみてよいのではないかな。

しかも、この図には、三角形、四角形、五角形、六角形などの形が含まれているね。石上神宮にも、不思議なことにこれとよく似た図象が伝えられているよ。もう一度、検

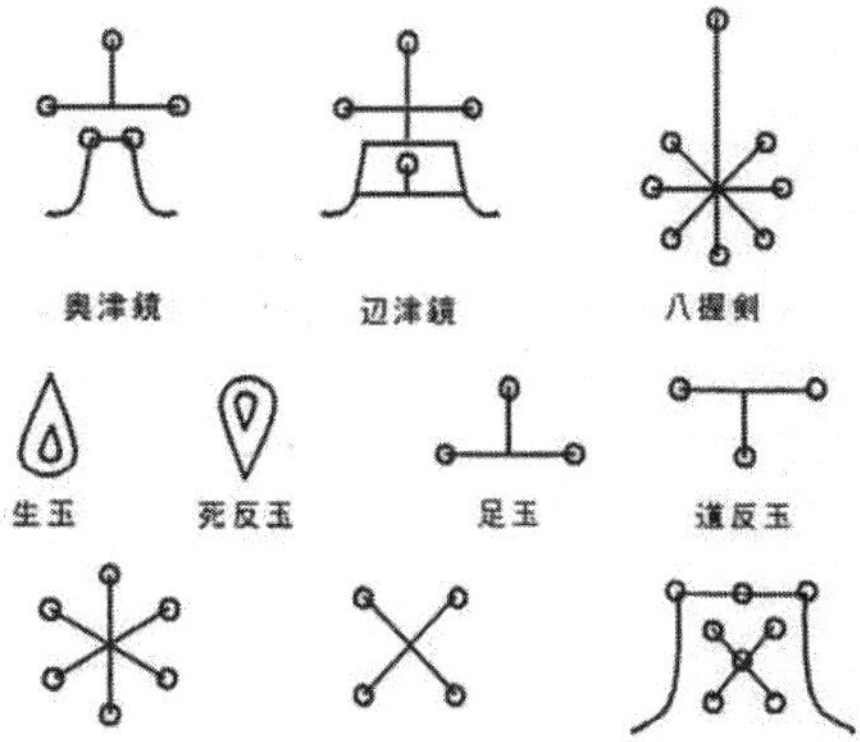

石上神宮の十種の神宝

索してごらん」

私はまたスマホで、石上神宮の十種《とくさ》の神宝の図象を見つけだして、父に示した。丸い玉をいくつか結び付けたユニークな形をしている。確かに、カバラの「生命の樹」の模様とよく似ている。

十種の神宝は、先代旧事本記やホツマツタヱに登場しているが、それによると物部氏の祖、ニギハヤヒが天降りする際に、天神から授けられたものという。

具体的には、沖津鏡《おきつかがみ》、辺津鏡《へつかがみ》、八握剣《やつかのつるぎ》、生玉《いくたま》、死返玉《まかるかへしのたま》などの十種で、これをゆらゆら振るとその霊力により死んだ者もよみがえるという。なぜかそれらの神宝は、丸い玉を結び付けた三角、四角、五角、六角などの図象で表されている。

「それらの宝物はニギハヤヒが天津神《あまつかみ》から授かったもので、行方がわからなくなっていたのを空海さんが伊勢神宮の宝殿から探し出したといわれているね。現在も石上神宮の十一月のタマフリ祭で用いることになっているよ。

でも実際には、宝物は重いので代わりに、この十種の図象を書いた紙を五角形に折りたたんで、榊に吊り下げゆらゆらと振っているそうだ。冬至でタマの衰えた太陽をよみがえらせ、同時に人のタマを元気よく殖やしていく呪法のようにみえるね」

「不思議ね。生命の樹とどうしてこんなによく似ているのかしら」

「憶測だけど、これらの形を組み合わせたものが、カバラの生命の樹ではないかな。一から十へ、十から一へと循環する生命の流れを一本の樹の形にまとめて、ある至高の理念――よみがえりの思想などを表現しようとしたのかもしれないなあ。それから……」

と父が続けようとしたとき、玄関の扉が開いてバタンと閉じる音がした。

「ただいま！」元気のよい声が響いてきた。

「おかえりなさい！」

母が、三日間の旅から帰ってきたのだ。

私は玄関に飛んでいって、母の旅行鞄を引き上げた。衣装がたくさん詰まっているらしくズシリと重たい。母の顔は血色よく上気していた。

「ごめんね。夕食の世話をしてもらって。おかげで、ゆっくり楽しめたわ」

「ハムサンドなら残ってるわよ。召し上がりながら、羽黒山の旅の話を聞かせてよ」

「うーん、それよりも先にお風呂に入りたいわ。山に登って汗をいっぱいかいたから。冷や汗もね」

汗臭い母はコートを脱いで浴室に向かおうとした。その背中を見て、父はニヤリとしながら小声でボソッとつぶやいた。

「ついでに、ヒョウタンで浣腸をしたらどうかね。内側もきれいにしてもらいたいものだな」

Ⅳ ミソギとヒソギとイブキの秘儀

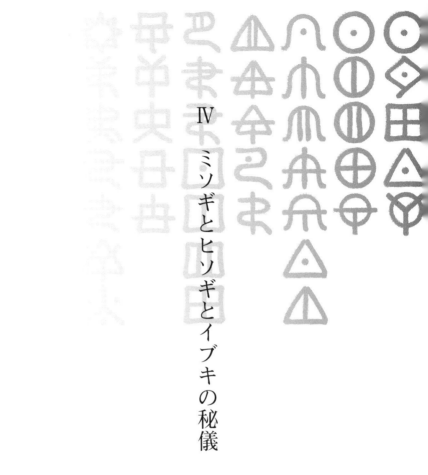

七五三の紅《べに》シメとは

結局、その晩はみな疲れていたので、すぐ就寝することにした。

翌日の夕食時に家族が集まり、羽黒山の旅の話を聞くことになった。食卓には出来合いの野菜カレーとカボチャスープとお漬物が並べられている。旅から帰り疲れが抜けないときは、母はよく料理の手を抜くのである。

「面白かったわ。羽黒山には、星川先達と呼ばれる行者さんがいてね、その方の案内で十五人ほどの参加者がバスで巡り、羽黒山、月山、湯殿山の要所要所を巡り歩いたの。白足袋をはき、白装束でね。死出の旅は白装束で行くのよ」

「そして無事に生まれ変わり、戻ってきたのね。少し若返ってきたようよ」と私はお世辞を言った。最近、母は白髪がちらほら混じってきたので、元気づけようと思った。

「でも、それはね、宿坊に二泊して、精進料理をいただいてきたせいだわ。ゴマ豆腐とタケノコがとってもおいしかった。

ところで、羽黒山を開いた蜂子《はちこ》の皇子《おうじ》の木像を見たけど、眼の吊り上がった恐ろしい顔をしていたわ。どうして、修験の行者さんは、役《えん》の行者もそうだけど、あんなにけわしい顔をしているのかしらね」

「聞いたところによると、蜂子の皇子は、父の崇峻天皇を蘇我馬子に殺され、命からがら逃げてきて秘境の羽黒山に籠ったそうよ。だから、恨みの形相で都をにらんでいるのではないかな。

で、星川という行者さんも、恐ろしいお顔でした？」

「いえいえ、星川先達は温厚な方でね、八十五歳に見えないほど血色がよく、立派なあごひげを蓄えていらした。

ほら貝を峰々に響かせている姿はとても壮観でしたよ。お腹にズシリと響いたわ」

快活な声で話を続ける母の首から一本の赤い紐《ひも》が垂れ下がっているのに、私は目をとめた。揺れている紐がスープに垂れ落ちないよう注意しなければならない。

「お母さん、その赤い紐はなあに？　初めて見るけど……」

「ああこれね。これは紅のシメ紐といって、魔除けに買ってきたの。山形特産の紅花で朱色に染めたシメ紐よ。羽黒山に入るときは、必ずシメ紐を肩から吊り下げて、身を守るのだと言われたわ。そうしないと、首の後ろのチリケから魑魅魍魎《ちみもうりょう》が入ってくるのですって。説明書があるから読んでみて」

「ちょっと待ってね……。この商品説明によると、紅花の朱色には魔を祓う力があると書いている。シメ紐の結び方自体にも魔除けの効果があるそうよ。七五三と書いて、シメと読ませているわ。どうしてこの紐が七五三の結びなのかな」

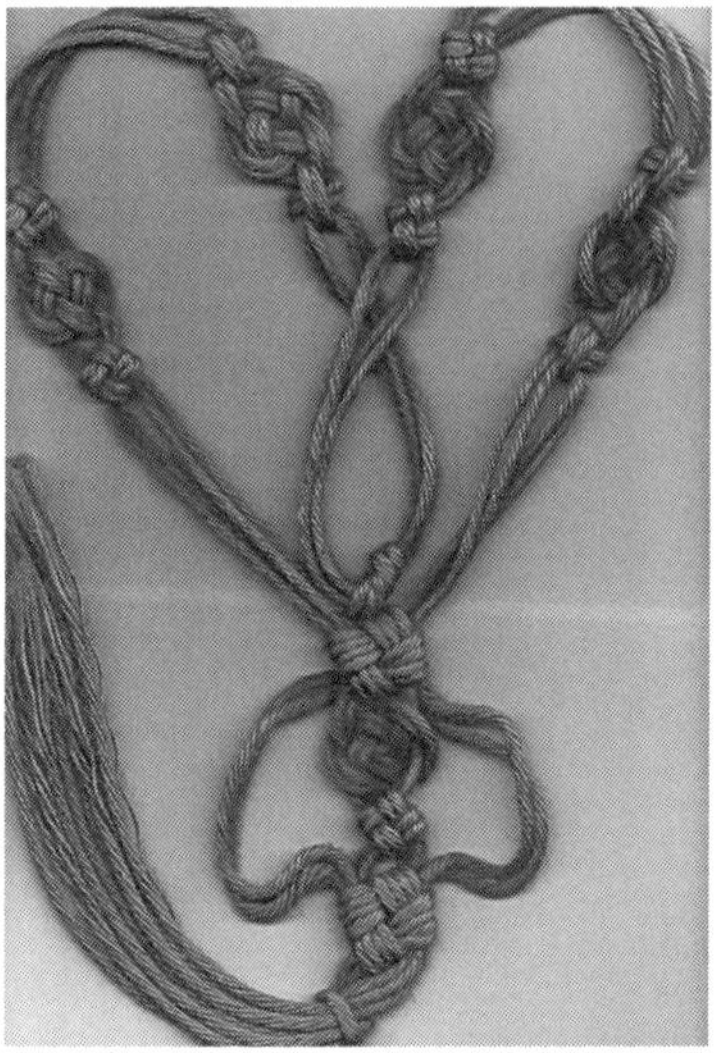

紅花のシメ紐（肩からかける）

「よく見て。この紐の複雑な結び目は三種類あって、それぞれ七と五と三の小さい穴が開いているでしょう。五の穴を持つ結び目は胸腺のところに当て、七の穴を持つ結び目は肩甲骨のところのチリケに当てるようにと言われた。この小さな穴の中に山の魔物たちを封じ込めるのですって」

黙々とカレーライスを食べていた父が、感心したように口を開いた。

「へえ、それは面白いね。古神道には、七五三の数表のお守りがあるんだよ。僕がいつも胸に忍ばせているお守りを見せてあげようか。これは、三年前に調査に出かけた岐阜のある村でいただいてきたものだ」

三方陣のお守り（中央に七五三）

父がポロシャツのポケットから取り出したお守りを見ると、縦横斜め、どの三つの数字を足しても十五になる三方陣の形である。真ん中に鎮座しているのが、ナンバー五。七五三の数列が中央横に並んでいる。

「このお守り全体が本来の最強の七五三数列、つまりシメと呼ばれるものなんだ。お母さんのシメ紐は、このうちの七五三を簡略化して一本の紐に仕立てたものだよ」

父は、小鼻を膨らませて自慢げに言った。

「後で調べてわかったんだが、この三方陣は、古代シナの洛書を数表にしたものだった。丸い点々を結んだ九個の形は、皇帝禹《う》の時代に洛水に現れた瑞祥《ずいしょう》（吉兆）とされている。古代シナにも七五三の神秘は知られていたんだ」

「すると、長い歴史を持つ古代ユダヤにも、七五三のお守りがあったのかもね」

私は、ふと疑問に思って聞いてみた。

「おや、もう忘れたのかね。エッセネ派の生命の樹には、七五三の枝が含まれていたではないかね。中央の幹（天なる父）と左右のカミガミを加えると、三にもなり五にもなるではないか。

それは、カバラの生命の樹になると、もっとはっきりしてくるね。七五三の図形が示されている。生命の樹と洛書は、ある共通の伝承から派生したのかもしれないね」

「共通の伝承というのは、どんなもの？」

「断定はできないが、ティグリス川流域のシュメール文

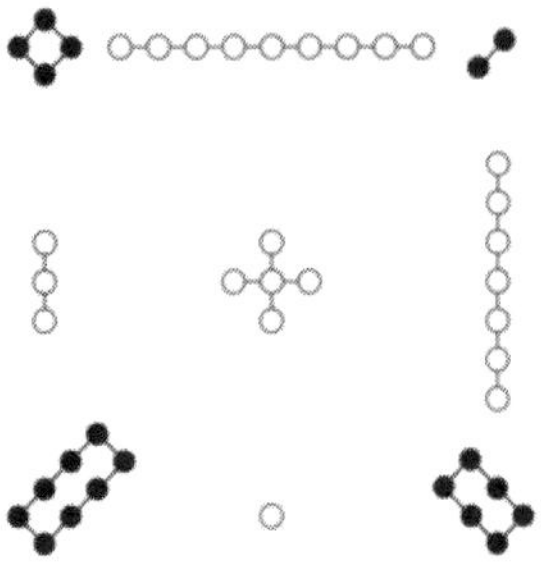

古代シナの洛書
（中央に七五三）

明から発して、西は古代エジプトに、東は古代シナに達したのではないかな。エッセネ派の生まれ変わりの教えは、シュメールに由来すると、先日の退行催眠で伝えていたね。シュメール人たちは、六十進法を持っていて特に素数七の性質に驚いていた。試しに一から九までの数を七で割ってごらん」

私は、スマホを取り出して計算してみた。

なんと、二八五七一四という循環小数が繰り返し現れるのだ。この六文字をすべて足すと九になる。つまり、七で割ると九の繰り返しが出現するのだ。

面白くなって、一から八までの数を今度は三で割ってみると、三三三、六六六の連続数字が出てきた。

三と七で割ると、三、六、九の数字が繰り返し現れるのだ。三六九は、ミロクの数である。

「どうだい、同じ数が繰り返し現れるだろ。シュメール人たちもびっくりしたはずだね。七と三は、人間が繰り返し生まれ変わることを意味していると考えたとしても不思議ではないね。そして、七と三を支配しているのが、中央の偉大な数、五なんだな」

私は、何だか狸に化《ば》かされている気分になってきた。丸い眼鏡をかけている父の丸い顔が狸に見えてきた。少し狸に意地悪をしてやろうと思った。

「そのシュメール文明が東に伝わって、日本に来たというわけね。インドのカレーがはるばるやってきて、日本海軍のカレーライスに採用されたようにね。

でも、与那国島の沖合にはムー大陸の巨大な神殿が沈んでいるそうよ。海中写真で見たわ。本当はムー大陸時代の日本から、シュメールに太古の文明や数学が伝わっていったのじゃない？　きっとそうよ」

「うん、だとすると、それに気づいた君はたぶんその頃、ムー大陸に住んでいたのじゃないかな。ムー大陸の前世でも、小さいとき神殿で七五三のお祝いを父にしてもらっていたはずだよ。そうして、今この盛岡に生まれ変わってきたのじゃないかな」

うまく父にかわされてしまった。反撃したつもりだったのに、逆転されてしまった。機転の利く狸にはかなわない。こうなると悪態をつくしかない。

「それは困ったわ。もうこの世は飽きてきたというのに、まだ長い輪廻転生から抜け出せていないのね。お父さんとも前世からの腐れ縁なのね」

五七調の響きを体感する

「あなたたち二人だけじゃないわ。三人とも数生にわたって腐れ縁なのよ」

カボチャスープを飲んでいた母が、笑顔を浮かべながらうまくその場を引き取ってくれた。

ずっと昔、前世を見てもらったところ、父は南部藩の藩医をしており、母はお琴の師匠として父に教えていたと言われたことがあったそうだ。そのころ、私は父の妹だったという。父と性格が少し似ているのは、そのせいかもしれない。

「そういえば、星川先達も七五三のことを言ってたわね。巫女さんの振る神楽鈴《かぐら》は、下から七個、五個、三個の鈴がついていると。そして、ヒフミヨイムナヤコトモチロ……という四十七音の祝詞《のりと》を教えてもらってね、万物の生成発展を祈る祝詞らしいけれど、それは三、五、七音に区切って読むようにと教わってきたわ。

つまり、ヒフミ、ヨイムナヤ、コトモチロラネと区切って読むのが正しいんですって」

「いいことを教わってきたね。その区切り方は、『日月神示』という自動書記に載っているよ。それは、戦前に岡本典明という画家が突然神がかりして筆を取らされ、画仙紙に数字や記号を殴り書きさせられた自動書記の記録だね。

それによると、日本は戦争に敗れるがまもなく復興する、しかしイシヤの計略に警戒せよということが啓示されている。このヒフミの歌を三、五、七音に区切ってたえず唱えて、天地の弥栄《いやさか》を祈れば、日本は繁栄を続けると言っているね」

「確か、和歌も俳句も、そして長歌も七音と五音の組み合わせね」と母が言った。

「うん、そればかりではないよ。縄文の一万行からなる叙事詩、ホツマツタヱも五七調なんだ。大昔から、日本人の胸に響くリズムは五七調だったんだね。これだと非常に覚えやすかったから、古代の歴史を伝えるには便利だったはずだ。

古事記を覚えていたという稗田阿礼もこの五七調で記憶していたに違いないね」

楽しい議論になってきた。どうやら、古代の日本人は、西洋のように図形や幾何学で真理を表現するよりも、言葉の響きを通じて真理を体感することを好んでいたのではないかと思えてきた。

そうすると、日本語の音そのものの中に、真理を解くカギが潜んでいるのかもしれないと私は思った。日本文学を専攻している私にとって、興味津々の領域である。

父は説明を続けた。

「昨日述べたように、エッセネ派は生命の樹の図象を通して、風のカミ、火のカミ、水ノカミなどの位置づけを表現しようとした。これに対し、縄文人たちはヒフミヨイムナヤというコトタマを通じてカミガミを体感し、賛美しようとしたのではないかな」

「コトタマという言い方はよく聞くけど、言葉と違うの？」

「全く違うね。言葉はある意味を伝えるもの、コトタマはある響きを伝えるものなんだ。言い換えると、言葉は左脳で受け止められ、左脳で意味を確認される。

これに対し、コトタマは右脳で受け止め、右脳に記憶されるものだ。右脳で受け止められたコトタマが、左脳に伝播したとき言葉になるといってもよいね」

「でも、ちょっと待って、お父さん。ヨハネの黙示録の初めに有名な言葉の一節が登場してたわね。スマホで抜き出してみると……、あ、出てきた。

『初めに言葉があった。言葉は神と共にあった。言葉は神であった。この言葉は、初めに神と共にあった。万物は言葉によって成った。言葉の内に命があった』と。この一節は、言葉は生命の源であると主張しているのではないかい？」

「はっきり言って、それは誤訳だね。黙示録の『言葉』というのはギリシャ語でロゴスと書かれている。ロゴスの語源はレゲインで、述べる、読む、語るという意味だから、書き言葉ではなく、話し言葉のことだね。

つまり、耳で受け止めた響きのことだから、ロゴスはむしろ『響き』と訳すべきだったと思うな。英語でいえばレゾナンスだ」

「なるほど、そうすると、『最初に響きがあった。響きは神とともにあった。響きは神であった』となって非常にわかりやすくなるわね。日本人には意味が通じるわ。

コトタマというのは、意味として受け止められる以前の耳に響いたままの響きということね」

「そればかりではない。耳では聞き取れなくても、皮膚や松果体を震わせるものも響

羽黒山の五重塔
（国宝）

きだよ。このロゴスを英語で『ワード』と翻訳し、ドイツ語で『ヴォルト』と翻訳したために重大な文化誤解が生じたのではないかな。

　自然界の響き、宇宙の響きを全身で体感することが大事なのに、『言葉』と訳すと、頭で考える神になってしまう」

　私と父の会話を黙って聞いていた母がスプーンを置いて、突然思い出したように割り込んできた。

「体感が大事だということを、星川先達もおっしゃっていたわ。山の中に入り、緑の風の香りをかぐ。そして木漏れ日の光を浴び、滝水を全身に注ぐ。その風と光と水の響きを体で聴くことが大事だと。

　山伏の道とは、言葉で説明するものではなく、体感、体得、体験するものだと教えられたわ」

「そうだね、江戸時代の芭蕉も、出羽三山の霊験を体感したくて野宿もしながらやってきた。『奥の細道』でこんな俳句を詠んでいるね。お母さんも五七五の響きを体感してごらん」と言って、父は芭蕉の俳句をゆっくり唱え始めた。

——涼しさや　ほの三日月の　羽黒山

——雲の峰　いくつ崩れて　月の山

——語られぬ　湯殿にぬらす　袂《たもと》かな

「よく覚えてるわね。最後の湯殿山では、芭蕉も涙を流すほど感動したのね。はるばる江戸から歩いてきて感慨もひとしおだったはず。でも私たちは、便利な貸し切りバスで移動したから、涙は出なかったわ」

「じゃあ次は、杖を突きながら歩いていってごらん。足の裏でも響きを感じることだ。きっと辛くて涙が出てくるよ。何ごとも体験だよ」

と、父が笑いながら言った。

ミソギとヒソギの秘儀

「ところで、お母さん、修験道は山の滝水でミソギをするというけど、滝に打たれてきたの？」

私は、肌に少し張りの出てきた母の顔を見つめて質問した。もし美肌の効能があるなら、私もミソギをやってみようと思った。

「もちろんよ。でも身を切るように冷たかったわ。凍えるような滝水を肩に受けたんだけど、三分以上は無理だった。心臓麻痺を起こしそうだったわ。

両手を組んでお腹の前で必死に振りながら、祓戸《はらえど》の大神を大声で唱え続ける。そうしないと凍えてしまう」

「水には全身で潜ったの？　ユダヤ教のエッセネ派で修行したイエスは、水に潜っていたそうよ」

「そう、深いところでは潜ったわよ。水のカミであるセオリツ姫さまなど祓戸の大神のお力を借りながら頑張ったわ。ミソギというのは、水で身の穢れを削《そ》ぐとともに、霊《み》の力を身に注ぐという意味もあるそうよ」

「イエスのころのエッセネ派では、水のカミさまのほかに、火のカミさまの力もいただきなさいと指導していたそうだけど、羽黒山に火の行事はあったの？」

「もちろん、お堂の護摩壇で行う行事が火の祭りだったわ。護摩の火を焚くと、そばに近寄れないほど熱くなる。その火の中に、願いを書いたお札を投げ入れて浄化していくの。私も、家内安全を祈るお札を捧げてきたわ。

びっくりしたのは、護摩の火を写真に撮ったところ、観音菩薩のお姿が現れてきたことね。これを見て」

母のスマホの写真を見ると、星川仙達の焚く護摩の火が、宝冠を頭に載せた観音様の立ち姿を現して揺らいでいた。護摩の火は、いろいろな形に七変化するようだ。

「なるほど、水と火のカミさまはそろったわけね。じゃ、お母さん、風と陽光のカミさまは、修験の行事の中にあった？」

「ええ、あったわよ。ミソギの前後には、必ず風と太陽のカミを招き体内に取り入れる最高の呼吸法、イブキの作法を行うの」

「イブキの作法ってどうやるの。教えて」

ふと、八戸の縄文館で見た合掌土偶の丸い口が思い出されてきた。病人を癒すため、吹き送りをしていたフッサのイブキ作法かもしれないと思われた。母は立ち上がって両手を動かしながら、説明を始めた。


「まず、このように夜明けの太陽に向かい、体をかがめながら息を吐きだし、それから両手を広げ上に伸ばしながらゆっくり鼻から吸っていく。頭の上にかざした両の手指で△を作り、その中に陽光を迎え入れる。

そうして、大きくあくびをしながら、ハッと陽光を口から呑み込む。次に、呑み込んだ息を下腹に落とし、息を止めてタマフリを行うの」

「タマフリというのはどういう意味？」

「元の意味は、タマを殖《ふ》やすこと。実際の作法は、両手を組み合わせて、お腹の前で旋回させることよ。

こうして、タマフリを続けていくと、中枢の身体エネルギーが増殖して全身が温かくなってくるから、冷たい滝に浸かっていても大丈夫なの」

私も立ち上がって、見よう見まねでイブキの作法をやってみた。あくびをしながら大きく息を口から呑み込んで、下腹の丹田に落としてタマフリを行うのは、まさに風のカミを体内に招き入れる作法でもあった。

そのとき、口から陽光を取り入れると、同時に太陽のカミのお力をいただくことになる。

修験の行者たちは、今も山々を踏破しながら、水のカミ、風のカミ、陽光のカミ、さらには土のカミのパワーを体内化しているのであろう。そうして体内で増殖した力を村人たちに注いで病を癒したり、雨を降らせたりしているのではないだろうか。

昔のエッセネ派の砂漠の行者たちも、似たような身体作法を持っていたのではないかと思われた。それは、シュメールから発祥したと想像するだけでも楽しいものがある。

「この呼吸法は、何回くらい行えばよいの?」

「そうね、普通の人は、あくびが出なくなるまで続けるとよいと教えてもらったわ。あくびをすることによって、緊張が解けていくんですって。山伏たちは、三十分くらい集中的にやるそうよ。おや、お父さんが、もうあくびをしてるわね。疲れてきたのかしら」

「いや、二人のあくびの動きが移っただけだよ。あくびは伝染するからね」と父が弁解した。

「あくびは伝染してもいいけれど、コロナは感染しないでね」と私は話題を変えた。

「そうそう、コロナのような集団的な邪気を防ぐためにも、この太陽のイブキ作法は効果があると星川先達はおっしゃってた。コロナウイルスも一つの生命体で、意識を持っている。コロナの意識は、似たような邪気の波動を持っている人に伝染しやすいのですって。

だから、この陽気を呑み込むイブキ呼吸法を毎日行じていれば、コロナを恐れることはないと」

食後のコーヒーを飲んでいた父が、母の発言に即応した。

「それは本当だな。昔の文献によるとね、人心が乱れてくると、集合して邪気、マガツミとなり、邪気が凝ると、地震や洪水、疫病が起こるとされている。今流行しているコロナは、地上の邪気が凝り固まった結果ともいえるのじゃないかな」

「そうね。でも、人口当たりの感染者数や死者数でいうと、欧米のほうがはるかに多いわ。日本はフランスの七百分の一よ。どうしてかしら」と私。

「欧米は、我が国と食養法が基本的に違うからね。セイケイが主唱したように、菜食中心にしておれば、血液は酸性に傾かない。それともう一つ、欧米人は頭でっかちになりすぎたことも関係していると思うね。コロナの邪気、マガツミが体感できなくなったので、それを祓い清めることに気づかなかった。

頭でワクチンを開発し、体の抵抗力を強めようとしているが、どうかな。コロナのほうが賢いから、次々に変異していくのではないかな」

「そうねえ、日本人は、みそ汁とわかめと納豆を食べて腸内の善玉細菌を殖やし、酢の物と梅干しで血液を弱アルカリにしているから、コロナウイルスを日々除去しているのではないかしら。納豆や梅干しなどが日本の最高のワクチンなのよ。

明日からは純粋な和食に戻すから待っててね」

母は、こういってカレーの残ったお皿を片付け始めた。

ふと窓の外を見ると、下弦の三日月がうっすらと浮かんでいた。今頃、出羽三山の行者さんたちは夜空の下でどんな修行をしているのだろうか。断食を続けながらコロナを浄化するための験力を磨いているのであろうか。

大峰山や英彦山など全国の修験者のおかげで、日本は守られているのだろうか。

そもそも、今も母などをひきつけてやまない山岳修験とは、いつごろどのようにして生まれてきたのだろうかと疑問がわいてきた。

しかし、三日月は黙したまま、定められた軌道を音もなく歩んでいた。

山岳修験を学んだ空海さん

翌日、私は気になって、修験道の歴史について調べてみることにした。

今は、スマホでおおよそのことを知ることができる。もちろん、スマホの情報は玉石混交ではあるが、その中からもっともらしい情報を抜き出し、ジグソーパズルのようにつなぎ合わせれば、おぼろげながらも全体像が浮かび上がってくる。そのパズルの欠けた部分は、父のような専門家に聞けばよいだろうと思った。

調べてみると、修験道の開祖とされる飛鳥時代の役小角《えんのおづぬ》は、熊野や大峰で厳しい山岳修行を積み、天空を自在に飛行する超自然的な霊力を得たようである。

松の葉のお茶を飲み、松の実を常食して体は羽のように軽くなったという。金峰山での修行中に、ダイアモンドのように輝く光体に包まれたようで、それを「金剛蔵王大権現」と後世の人は呼んでいた。

役小角は、胸から七色の光を出す孔雀明王の呪法を用いて、空を飛んだり、盲人の眼を開けたりしていたようだ。

その弟子たちは、全国の山岳に散らばり、ミソギやヒソギ、イブキの法などを通じて大自然の力を取り入れ、習得した験力を用いて、病者に加持祈祷を施したり、慈雨を降らせたりしてきた。

山岳修行法は、おそらく一万年以上前の縄文時代から続く最も古い民間行法と思われるが、発展の過程で、道教や陰陽道、さらに密教の要素を取り入れたことは疑いない。出羽三山を見ても、四方祓いや護摩供《ごまぐ》、般若心経、九字、南蛮いぶしなど雑多な要素が混じっている。神仏道混淆《こんこう》なのである。

そうして、その雑多な修法を密教の中に取り込んで、一つの壮大な理論・修行の体系にまとめ上げたのが、どうやら高野山の空海さんらしいとわかってきた。

平安時代の私度僧《しどそう》であった空海さんは、唐に渡った後、青龍寺の恵果和尚のもとで密教を学んだことは広く知られている。

二十年の滞在予定でいたところ、わずか半年の修行で「遍照金剛」（世を照らすダイアモンド）の免許皆伝を与えられたが、それはすでに日本で密教（タントラ・ヨガ）の

真言宗を開いた空海

根本を体得していたことを恵果和尚が見抜いたからであった。

空海さんは、唐に渡る前に山林修行者から孔雀明王の法などを習い、厳しい孤独な修行を紀州や四国の洞窟などで積み重ねていたのである。

孔雀明王というのは、古代インドの女神マハーラーマユーリのことで、毒蛇を食べる孔雀の図像で象徴されている。孔雀明王に帰依すれば、修行の妨げになる三毒の煩悩、貪瞋痴《どんじんち》を退ける力を得るとされている。

不思議なことに、不動明王などほかの明王は、憤怒の相で表されているのに対し、この孔雀明王だけは、円満な慈悲の相を備えている。役行者の神通力も空海さんの法力も、孔雀明王がカギを握っているのではないかと思えてきた。孔雀明王はどんな力の持ち主だろうか、と興味がわいてきた。

明王の響きとは

ちょうど全体像が大体つかめてきたころ、父が高野山での調査旅行から帰ってきた。一週間の休暇をとって宿坊に泊まり、勤行に参加し、高野山大学の研究者とも交流してきたという。さっそく、夕食後にビールを飲んでいた父に、私はいくつか疑問点をぶつけてみた。

「高野山の宿坊はどんなところだった？　お酒は飲めたの？」

「いや、お酒はダメだったが、なかなか良かったよ。大圓院という宿坊は、読経の声が素晴らしいと聞いたので泊まってみたのだが、イタリア、フランスなど海外から十人ほど来ていたのには驚いたね。

毎朝六時から勤行があってね、護摩を焚きながら、お経を四十分ほど唱えるのだけど、理趣経なのかどのお経なのか、さっぱりわからなかった。わかったのは、若い僧侶が最初に発した音だけだった。

それはなんと、アー音だったよ。しかも、一息で一分間ずっとアー音を唱え続けていたのにはびっくりした。

そして、ア音の次に発した音は何だと思う？」

「アイウエオの順だから、イー音？　それとも、セブンイレブン？」

「ダジャレを言うのではない。次に出てきた音はオー音で、それがまた一分間続いた。それから、ウーエーイーと並んだ。

つまり、アオウエイを唱えるのに、五分間も朗々と響かせたのだ。その響きを聴いて、（アッ、空海さんはコトタマの法を悟っていたな）とうれしくなったよ」

「ええっ。どういうこと？　さっぱりわからないわ」

「話せば長くなるが、空海さんは『声字実相義』という本の中で、『五大みな響きあり』と宣言している。五大というのは、宇宙を構成する空地火水風の五大要素のことだ。その空地火水風は、密教やその元のタントラ・ヨガでは、アオウエイというコトタマで表現されている。だから、アオウエイと唱えることで、この宇宙を賛美し、感謝しているということになる。

そしてね、もっとすごいことがわかった。空海さんは、アイウエオのコトタマを独特

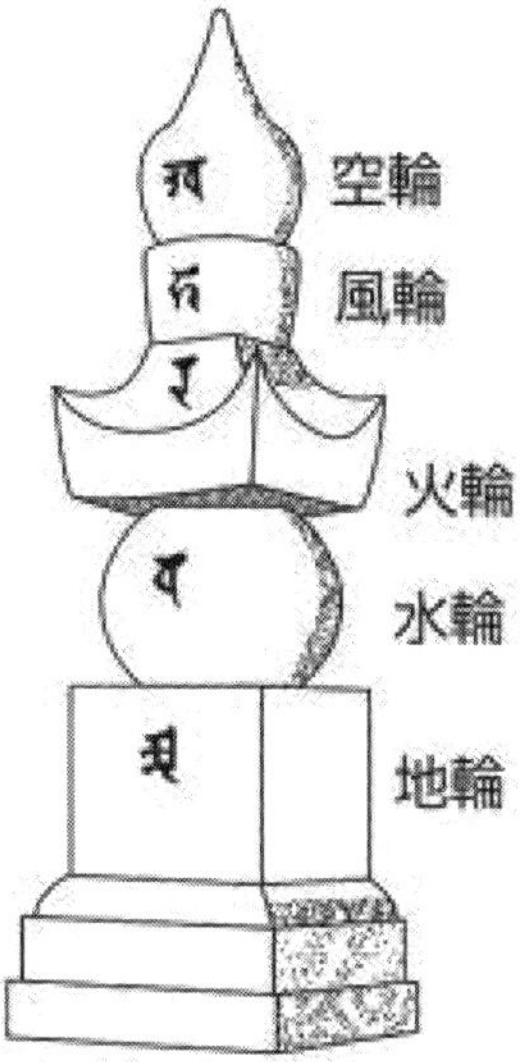

五輪塔

な五輪塔の形に造形したことだよ。五輪塔は、上から空風火水地を現している。

　ということは、高野山の墓地にあるおびただしい数の五輪塔は、天に向かって今もアイウエオの響きを発し続けているということだ。わかったかい？」

「やっと少し、わかりかけてきたわ。阿字観を勧めた空海さんは、アー音の響きを重視していた。それで勤行のときにアー音を先頭に置くアオウエイを唱えさせ、五輪塔の形でアイウエオを宇宙に響かせたというわけね。

　ア・ウンの呼吸といわれるように、アー音はすべての物事の始まり、根本の音と考えていたのね」

「その通り、でも空海さんのアー音は、西欧声楽のアー音とは全く違うよ。空海さんの発声法は、脳の松果体を振動させるように口と舌を用いる独特の方法なんだが、まだこれを教えるのは時期尚早だからお預けにしておこう」

「肝心のところに来ると、いつも答えをはぐらかすのね。

あと一つ聞きたいことがあるの。空海さんは山林修行中に孔雀明王の法を修したそうね。そしてお母さんは、羽黒山から不動明王のお札をいただいてきたけれど、そもそも明王というのはどんな存在なの?」

「いい質問だね。明王というのは、わかりやすくいうと、チャクラの能《はたら》きのことだよ。チャクラとは、身体エネルギーと霊的エネルギーをつなぎ、変換するエネルギーセンターのことだ。

例えば、不動明王は丹田のスワディスターナ・チャクラのことで身体の活力と不動の意志をつかさどっている。火炎を背負っている不動明王は丹田の霊火を燃やし身体エネルギーに変換してくれるので、冷たい滝水を浴びても寒くならない。

ミソギの行をするときは、必ず不動明王のご加護を祈るわけだね」

「ほかの明王は？」

「軍荼利《ぐんだり》明王は、尾てい骨に潜むクンダリーニ・チャクラのことで、生殖作用を受け持っている。クンダリーニを漢訳すると軍荼利になるね。

そして、愛染明王は、額のアジナ・チャクラの能きのことで、アジナという音を漢字に置き換えたものが、愛染《あぜん》なのだよ」

愛染明王（第三の眼を象徴する）

愛の仏様と思っていた愛染明王が、なんと額のアジナ・チャクラのことだという。これを聴いて、私は唖然《あぜん》となった。

「この愛染明王のチャクラが開けると、脳下垂体や松果体の動きが活発になり、過去生の霊視や遠隔地の透視ができるようになる。

愛染明王のお顔を見てごらん。額に縦長の第三の眼が描かれているね。

優れた霊視者のエドガー・ケイシーは、このアジナ・チャクラが目覚めていたというわけさ」

父はこう言って、二本目のビール缶のフタを開けた。パチンという鋭い音が鳴り響き、私の額の愛染明王が驚いたようだった。愛染明王がこれで目覚めてくれるとうれしいのだがと思った。

孔雀明王とアナハタ

「へえ、そうなの。愛染明王は恋愛成就の仏様といわれていて女の子には人気があるけど、全く違うのね。

じゃあ、孔雀明王はどういう能きをするの？　孔雀明王は、明王の中でただひとり武器を持たず、果物と孔雀の羽を持っている。

憤怒の相ではなくて、慈愛の相を浮かべているのはどうして？」

「孔雀明王は、インドでは毒蛇を食べてくれるありがたい存在とされているが、密教では胸のアナハタ・チャクラの別名だよ。

誰でも皆、強弱の違いはあっても胸から七色の光を出している。孔雀のように七色の光が強い人は慈悲深く、いつもまわりに恩愛を施そうとしているね。病気治しも瞬間移動も雨を降らせることも、強烈な胸のアナハタの力でできるようになる」

父の話によると、実際、奈良時代には降雨と五穀豊穣の仏として、奈良の大安寺を中心に盛んに孔雀明王の法が修されていたという。

七色の羽をひろげる孔雀明王（快慶作）

空海さんは、留学前に大安寺の修験者からこれを学び、完全に習得していたそうだ。

「そうすると、役行者も空海さんも、山林で孔雀明王の呪文を唱え続けて、アナハタ・チャクラを目覚めさせたのね。その結果、空中浮揚したり、身体を消したりすることが可能となったの？」

「そうだよ。アナハタが目覚めると、物質を消したり、産み出したりできるといわれている。身体を霊体に変えたり、霊界から仏像を取り出したり、物を瞬間移動させることもできるようだね。

空海さんが天皇の前で即身成仏したというのも、このアナハタの力を用いて光り輝く身体に変えたんだろうな。

そして、エッセネ派のイエスもこのアナハタ・チャクラを開き、水をワインに変え、空中からパンと魚を取り出していたんだろうね」

「なるほど、そうだったの、慈悲の孔雀明王は、アナハタ・チャクラと密接な関係があったというわけね。

じゃ、アナハタの力を体得するためには、どういう修行が必要なの？　私もやってみたいわ」

「難しいが、できるかな。孔雀明王のご真言は、オンマユラ・キランディィ・ソワカで、断食を続けながらこのご真言を百万遍唱えなければならない」

「思ったより簡単なご真言ね。そんな短いご真言なら私もできそうよ」

「でもね、それに至る前に手順というものがある。いきなり、孔雀明王のご真言を唱えても効果がないよ。

空海さんが山林修行でまず初めに取り組んだのは、求聞持法《ぐもんじ》だったね。空海さんは、若いとき土佐の洞窟で虚空蔵求聞持法を百万遍唱え続け、満願の夜明けに明けの明星が口の中に飛び込んできたそうだ。

これは、右脳のはたらを活発にする修行法で、お経を一度読んだだけで写真に写すように右脳に焼き付けるというものだ。記憶力と集中力を磨く行だね。半断食を続けながら、求聞持法の呪文を百万遍となえるという荒行だ。

来年の就職試験にも役立つと思うよ。やってみるかい？」

「御免被《こうむ》るわよ。そんなことをしなくても、記憶力は抜群よ。でも、どんな呪文なの？いちおう知っておきたいわ」

「それはね、ノウボ・アカシャキャラバヤ・オンアリキャ・マリボリ・ソワカーという呪文だ。他の不動真言などもそうだが、ア行音が一番多く、ついでオ行音、イ行音が多いね。真言密教では、阿字のア音を重視しているね。なぜなら、ア音は胸のアナハタ・チャクラの慈悲、慈愛の音だからだね」

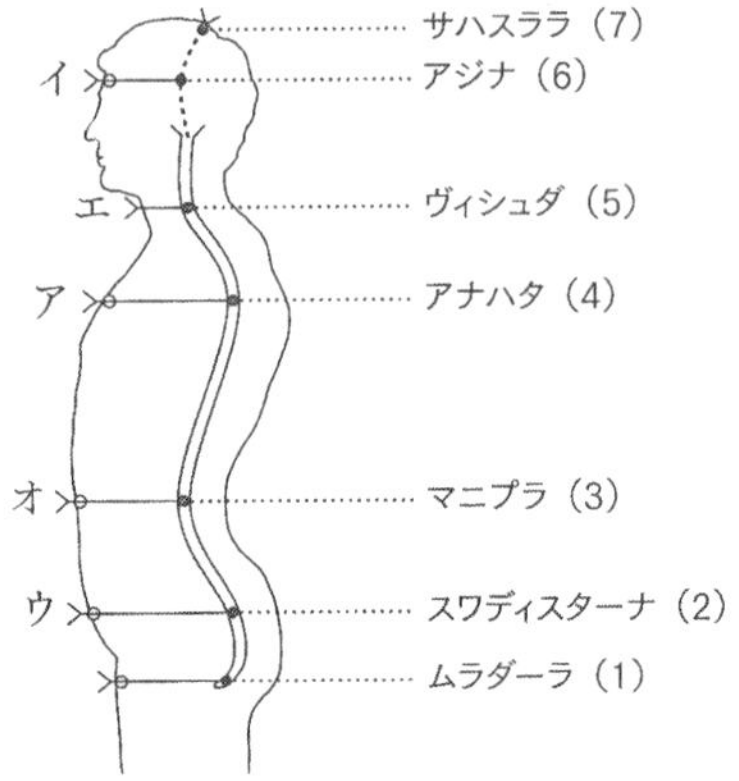

チャクラに響く五音（イエアオウ）

チャクラに対応するイエアオウ

「ほんと？　ア音を響かせると、アナハタが開くの？　じゃほかのチャクラはどんな音を奏でているのかしら」

「うん、体の中央には、額、喉、胸、みぞおち、そして丹田があり、それぞれに対応するエネルギーセンターのチャクラが五つあるが、その音は、上からイー・エー・アー・オー・ウーとされている。そして会陰（ムラダーラ）には、非常に低いムー音が照応し、百会（サハスララ）には耳に聞き取れないほどの高いキー音が対応しているといわれている」

父は人差し指で額から喉、胸、みぞおち、下腹をなぞりながら、イーエーアーオーウーの音を唱えた。それぞれのチャクラを意識しながら、この五音を響かせていくといいのだという。

「そうすると、イエアオウの音をよく響かせると、五つのチャクラをバランスよく響かせ、目覚めさせることができるというわけね。長い真言を唱えなくても、イエアオウとかアオウエイというコトタマでも代用できるのね」

「その通り。ようやく気がついたようだな。

空海さんの密教は、アオウエイをさらに複雑に組み合わせたサンスクリットのご真言を集中的に響かせる。だから、真言宗という。それにより、チャクラすなわち諸明王の力を解放する修行法だね。

ただし、ひとりで山の奥の岩に座り、あるいは洞窟で断食しながら唱えなければならないのだ」

「すごい荒行ね。真言宗というのは、まさに宇宙の響きの宗教というべきね。他の宗教でも、コトタマを活用しているところはあるの？」

「うん、ユダヤ教のカバラでも、二十二のヘブライ音を唱える行がある。響きを通じて、神々の世界に入ることを多くの宗教は重視している。密教だけでなく、浄土真宗も、日蓮宗も、名号の反復を強調しているね。

ナムアミダブツやナムミョウホウレンゲキョウといったコトタマを繰り返しているが、それらは、縄文のコトタマ思想の上に花開いたと思うんだ」

「えっ、どういうこと？　もう少し説明して」

「つまりさ、発するコトタマの一つひとつに神性が宿っているという太古の思想が隠れているということなのだよ。あるコトタマを繰り返し唱えると、カミガミと交流し霊性が目覚めてくると昔の人は信じていた。縄文時代の日本でも、特に三つのコトタマの響きが大事にされていたことは知っているかい？」

「いいえ、教えてちょうだい」

「それは、ヒフミ唄とトホカミ唄とアワ唄だ。宮中でも盛んにこれらのコトタマが唄われていた。

　空海さんもそれを研究していた形跡があるから、真言密教も、この縄文のコトタマの延長ではないかと思うよ。興味があったら、この三つの歌について調べてみるといいよ。

　さあて、明日は新聞社主催の高野山セミナーがあるので、その準備をこれからしなければならないな」

　腕時計を見やった父は、二本目のビール缶を傾け、残りをぐっと一息に飲み干し、喉の下に押し込んだ。まるでアナハタの孔雀明王を喜ばせるかのように胸中に注いでから、書斎に引き揚げていった。

　ひとり居間に残った私は、いちどに多くの情報を詰め込まれたので、何が何だか、頭がこんがらがってきた。しかし、とうとう太古の響きの世界に近づいてきたという予感はしてきた。

　空海さんが、「響きあり」と断じた五大の世界の響き、エッセネ派が洞窟の中で唱え続けた父と母と水と火の響きの世界にようやく足を踏み入れようとしている。

太古の日本にも、ウオアエイのほかに独自のコトタマの響きがこだましていたというが、その太古の響きの中にわが身を置いていくと、心身はどのように変容していくのだろうか、期待と不安の混じった複雑な気持ちになってきた。

V 響き愛の海へ

微音で唱えるトホカミ唄《うた》

それから三日後のこと、夕刻に学校から帰宅すると、母の居室から低い唄声が漏れていた。声の合間にジャラン、ジャランと琵琶の音が聞こえる。母が愛用している筑前琵琶の渋い音色である。

いつもは平家物語などを愛唱しているが、今日は何を唄っているのだろう。私は、そっとドアを開けた。

「ヒフミー、ヨイムナヤー、コトモチロラネー」……ジャラン、ジャジャランーー

母が、羽黒山から習ってきたヒフミ歌であった。三音、五音、七音に区切って練習しているらしい。抑揚をつけ、こぶしを利かせた歌い方である。合いの手に入れる四弦の琵琶の音色とうまく調和している。

私に気づいた母が言った。

「星川仙達から教わったこのヒフミ四十七音は、一つ一つがカミさまなの。天界にも

通じる響きのカミさまなの。一から二へ、二から三へと発展する万物の弥栄を称える唄とされている。

これをつづめると、ヒフミヨイムナヤコトー、フルベユラユラとなるわね。石上神宮の魂返しの唄よね」

「ええ、死者もよみがえるという霊力を持ったコトタマね。六角形、七角形などの十種の神宝の図象を五角形の紙に封じ込めて、ゆらゆらと振り続けると、あの世に去った魂が返ってくるそうね。少し前にお父さんから教わったわ」

「このヒフミ唄は、宮中で行われる秋の新嘗祭《にいなめさい》でも、天皇の長寿を祝う唄として唱えているそうよ。

このヒフミ唄と並んで、宮中で秘匿されてきた重要なコトタマがあるけれど、知ってる？　それは、天皇と皇太子に神道を伝えていた伯家神道が最秘のコトタマとしていたもので、空海さんもついに見つけられなかったそうよ」

「ええ、トホカミ唄でしょう。お父さんに言われて調べてみたわ。でも今では、スマホにも公開されている。トホカミエミタメという八音のコトタマね」

「少し違うわ。本当は、トホカミエヒタメなんですって。縄文叙事詩のホツマツタヱには、エヒタメと出ているそうよ。

この八音は、八次元の時空を示す音なので、別々の音でなければならない。同じミという音が二度繰り返されてはならないそうね。でも、時代が移り変わるにつれ、ヒがミに置き換えられ、エミタメとなったようね」

フトマニ図が伝える時空の構造

母の説明によると、宇宙の始まりのときは無の状態であったが、あるとき原初の無の対称性が破れ、正反二つの渦巻が生まれたという。アとワのコトタマで表される渦巻である。

その生成の過程を、同心円の形で表現したものがフトマニ図であるという。

母は、宇宙の生成を表現したフトマニ図なるものを示して語った。先日、ホツマツタヱの勉強会に参

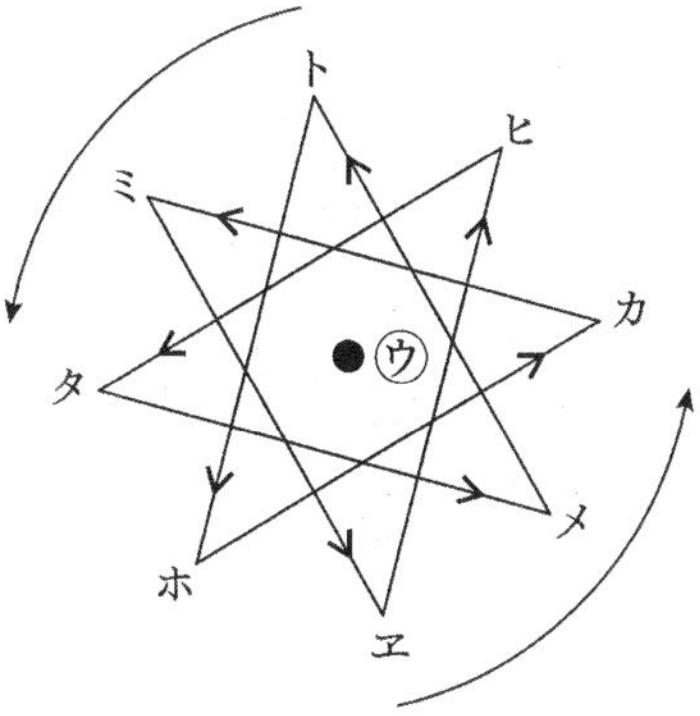

八芒星を描くトホカミエヒタメ

加してもらってきたものらしい。

「これは、ホツマ文献の一つで、古代文字で宇宙の発生から展開までを示しているといわれているものよ。

『宇』は空間、『宙』は時間を意味するから、宇宙とは時空のことね。この図の真ん中に、時空の根源を示すアウワの渦巻図象が描かれているでしょう。この渦巻から、八次元の時空、トホカミエヒタメが生まれた。

この八つの音をなぞっていくと、八芒星が生まれるでしょう」

母に言われて、内側の同心円にあるトミタホヱメカヒの音を二つおきにたどっていくと、確かにトホカミエヒタメの八角形が現れた。はて、この八つの音は、どんな意味があるのだろうかと疑問がわいてきた。

「このコトタマは、宇宙とつながる最も大事なものとされてきたのよ。天皇陛下も重要な儀式のときは、宇宙の根源を言祝《ことほ》ぐため、トホカミエヒタメを四十一回ほど唱えているそうね」

「そのコトタマは、大きい声で唱えるの?」

「いえいえ、ほかの人には聞こえないくらいの微音で唱えるそう。わが身は光の渦巻く円錐体の中にいると観じて唱えていると、次元上昇して身も心も宇宙の中心に引き上げられていくといわれているわ」

「そうなの。一次元から、二次元、三次元とこの世をたどり、さらに六次元、七次元、八次元の世界まで、さかのぼっていくのね。いちど唱えてみたいわね。

そのほかの意味はないの?」

「トホカミ歌を唱えていくと、体の奥深くにあるツミやケガレを祓い清める効果もあるそうよ。でも、それよりも大事なことは、この世の裏側にある五次元以上の潜象界を調えるはたらきをすることよ。一つ一つのコトタマの響きの力によってね」

「不思議ね。コトタマによって裏の世界が調えられ、清められるとすると、未来における救いは必要ないことになるわね?

ユダヤ・キリスト教では、過去から未来へと時間が流れると説いていて、救いは、メシアの再臨する未来において成就されるとされている。

でも、そういう一方通行の時間の観念というのは幻想なのかしら？」

「そうね、過去や未来という考えは、この世の表しか見えていない人の錯覚であって、過去も未来もあるとすれば、今の中に同時に存在しているということなのよ。星川仙達から教わったわ。

言い換えると、今という時空の裏に、七次元、八次元の世界が同時に存在している。並行宇宙、並行時空ともいわれているわね。

だから、救いがあるとすれば、未来ではなく、今の瞬間にすでにあるというべきね。

そういう時空の構造を、このフトマニ図は示しているそうよ」

天地を賛美するアワ歌

母の話を聞いていると、過去や未来というのは、人間の限られた五感に基づいた錯覚のように思えてきた。物理の授業で習ったが、光速で走っている光から見ると、時間は存在せず、したがって過去も未来もないとされている。母は続けて語った。

「たとえていうと、時間は一本の扇子のようなもの。扇子を右に開いていくと過去の過去が現れ、左に開いていくと未来の未来が現れる。扇子を閉じた姿が『今』ね。だから、『今』の中に過去も未来も折りたたまれているのよ」

時間というものがあるとすれば、過去からも未来からも流れてきていて、それが合流したものが「今」であるというのだ。したがって、過去や未来は、あるとすれば「今」の中に含まれていて、そういうふくよかな「今」を「中今」と古神道で呼んでいるそうである。祖霊の口寄せや未来の光景の予知ができるのは、過去や未来が「今」の中に含まれているからなのだろう。

私は、続けて質問した。

「お母さん、トホカミ唄が裏の潜象界を浄化するなら、生まれてきたこの世の現象界を調えるコトタマもあるはずね」

「ええ、それがアで始まりワで終わるアワ唄だそうよ。アは天を意味し、ワは地を意味するので、アワ唄は現象界の天地を祓い清め、調えるといわれている」

「ほんと？　そんな仕組みになっているの？　アワ唄の歌詞を見てみると、こうなってるわね。

――アカハナマ　イキヒニミウク　フヌムエケ　ヘネモオコホノ　モトロソヨ　ヲテレセヱツル　スユンチリ　シヰタラ　サヤワ」

「アワ唄をよく見てちょうだい。前半は、ア行、イ行、ウ行、エ行、オ行の順に並び、後半は反対にオエウイアの行の順に並んでいるね。非常に対照的に作られた不思議なコトタマの配列ね」

　母の解説によると、イサナギ、イサナミの二神が琵琶湖の東岸で国造りをしようとしたとき、人心も荒々しく、話し言葉も曇っていた。

そこでまず言葉を正しく調えることから始めようとアワ唄を教えた。アワ唄の前半二十四音は、夫のイサナギさんが唄い、後半の二十四音は妻のイサナミさんが唄って人々に教えた。

すると、唄のコトタマのはたらきにより言葉がはっきり調ってきたという。

「で、このアワ唄には意味があるの？　それとも音だけを味わうの？」

「無心になって音の流れを味わうだけでいいのよ。でも驚いたことに、平成二十四年に河口浅間神社前の富士山御師の家から、ホツマ文字で書かれた二百五十年前の古文書が出てきてね。そこに意味が書いてあったの。ざっと紹介するとこんな意味だそうよ」

母は、ハンドバッグから一枚の用紙を取り出して解説を始めた。先日の勉強会で、『アワ歌で元気になる』という本のコピーをもらってきたそうだ。

それによると、最初に出てくるアカハナマは、日のはたらきを写している父の音で、最後にあるシイタラサヤワは、月の光を表す母の音とされているという。

そして中間にあるイキヒニミウクは、風の祓いの作用を、フヌムエケは火の燃える力を称えたもの。ヘネメオコホノは水の浄化のはたらきを、モトロソヨは土の新生作用を示し、ヲテレセヱツルは周りの時空を清め、スユンチリの五音は、星々の言祝ぎを意味しているという。

「どう、規則的な配列になっているでしょう。つまり、日の父と月の母が最初と最後にあって、その間に、風、火、水、土、空、星のはたらきが読み込まれているのよ」

「不思議な唄ね。エッセネ派の生命の樹を思い出したわ。生命の樹にも父と母が上下にあり、その間に、叡智、愛や風、火、水、土などのはたらきが枝や根として描かれていたわね。空海さんの五輪塔も上から空風火水地、つまりアイウエオを表しているようね」

こう言ったとき、私はふと、八戸で見た縄文土器の姿を思い出した。

「お母さん、縄文の土器は、この地水火風空を賛美するための祭器だったのではないかしら。つまり、粘土を山から取り出し、水でこねて成型し、風で乾かし、最後に熱い火で焼き固める。すると出来上がった丸い土器の中はぽっかりと空《うつほ》が生じているわね」

天地を称える火炎土器

こうしてみると、縄文土器は、宇宙の五大要素を言祝ぐ聖器ではなかったかと思われた。縄文人たちは、周りで楽しくアワ唄を唄いながら土器を一つ一つ作り上げていったのではないか。

実用的でない複雑な造形の縄文土器は、目に見える形となった賛美のアワ唄だったのかもしれない。

母が続けて語った。

「そうね、面白い意見ね。縄文の火炎土器は、天地《あわ》を称える聖なる祭具だったかもしれないね。ホツマツタヱによると、天地を言祝ぐアワ唄は、イサナギ、イサナミの娘であるワカ姫さんが全国を回って普及させたと記されているわ。偉大な霊能者でもあったワカ姫さんは、水銀の利用法もよく知っており、丹生津《にうづ》姫とも呼ばれていた。丹生《にう》というのは、水銀のことね。そして水銀の出る高野山系はじめ和歌山の一帯を領地としていた。

だから、空海さんも丹生津姫を地主神としてまつる神社を高野山に建てたのね」

「すると、空海さんもこのアワ唄の響きを知っていたかもしれないよね。もしかすると、当時の大工さんたちはアワ唄を唄いながら、大伽藍《だいがらん》を組み立てていったのかな。唄の響きの効果で、天地が清められ、重い木材も軽くなったのかもしれない。何か、推理小説を読むようで、だんだん面白くなってきたわ」

「じゃあ、琵琶の音に合わせてしばらく無心にアワの唄を唄ってみない？　何か、深いコトタマの秘密を知るヒントが浮かんでくるかもしれないわよ」

「そして、体が軽くなってくると楽しいわね」

母が、またジャラン、ジャジャジャランと筑前琵琶の撥《ばち》を振り始めた。下腹に響く低い複合音である。ときどき、腸がねじれるような琵琶特有の不協和音が入る。

母が真剣になると、私も真似してついていかざるを得ない。母の口元を見ながら、私もアワ唄を腹の底からゆっくり唱和し始めた。

イエアオウの秘密

どのくらい時間がたったのだろうか。しばらく無心に唄い続け、アイウエオの音を体にしみ込ませていると、少し体が軽くなってきた気がした。このまま続けていくと、上に昇っていきそうと思ったとき、いきなり渋い父の声が耳に入ってきた。

「おや、気持ちよさそうに唄ってるな。玄関に入ると、琵琶の音色が聞こえたから、十八番の平家物語かと思ったら、アワ唄じゃないかい」

父が帰宅してきたのである。いつもの悪い癖で、知っていることは何でもすぐ口にしてしまう。せっかくいい気持ちで唄い、これから響きの世界に没入しようと思っていたのに、邪魔が入ってしまった。

「このアワ唄は、唱えていくと五臓六腑を調えていくといわれているね。二人とも、体の調子が良くなってきたかな」

急に邪魔が入ってきたので、私は少し嫌味を言いたくなった。

「お父さんの頭でっかちの説明は、ちっとも胸に響かないわ。それよりも、一緒に唄ってみない？　実際に唄い続けないと、孔雀明王さんも愛染明王さんも喜ばないと思うわ」

「はっは、これは一本取られたな。まさにその通りだ。

アワ唄は、全身に響かせなければならないが、その場合、音の高低に留意すると明王さんがよく動くようになるそうだよ。工夫してごらん」

父は謎めいた言葉を残して、そそくさと部屋を出ていった。音痴だから唄うのは好きでないらしい。

母と私は、何かしら重い雰囲気が取れたような感じがしてほっとした。母と二人だけで時間を共有すると、なぜか気分が安らぐのである。

父の捨てゼリフが気になって、私は母に尋ねてみた。

「アイウエオを発声するとき、一本調子の音程ではなく、独自の高低差をつけて唄うとよいのかしら」

「そうね、琵琶の古い楽譜を見ても、最も高い音はイで表記し、最も低い音はウで表している。イエアオウ、チテタトツ、リレラロルといった具合にね。和音階のラソミレドで唄うと、脊髄の五か所によく響くと思うわ」

「なるほど、そうするとアワ歌もおおむねイエアオウの和音階に沿って唄うといいのね。イは高く、ウは低く」

「イエアオウの母音をそうして響かせていくと、気の流れる経絡も開き、血のめぐる内臓も活発になるから、毎日唄ってみることよ。バランスの取れたアワ唄を毎日響かせていけば、きっと隠れた持病もいつの間にか回復しているはずね」


私たちは、再度アワ唄を琵琶に合わせて唄い始めた。今度はあまり口を開けないで、脳の中の響きに留意しながら、発声することにした。

口を大きく開いたアー音では、脳内はほとんど振動しないが、唇をほとんど開けないでアー音を発声すると、脳の内部が激しく震えるのがわかってきた。脳の中の松果体や脳下垂体も振動しているようである。

もしかすると、これが空海さんのア字発声法だったかもしれないと思われた。

「お母さん、口を開けないほうが頭の中によく響くわね」

「そうなのよ。口を貝のようにほとんど開けずに唄うので、漢字で『唄』と書くでしょう。西洋声楽のように口を大きく開ける場合は、『歌』になるの。歌には口が二つあるでしょう」

拍子を取る母の琵琶の響きは重々しく鳴り渡り、下腹の丹田に棲む不動明王さんを振動させるように思われた。ア行音で胸の孔雀明王さんを響かせ、イ行音で第三の眼の愛染明王さんを意識するなど工夫しながら、繰り返しアワ唄を唱え続けた。

こうしてアイウエオを響き合わせていくと、エネルギーセンターであるチャクラを響かせるだけでなく、大自然の地水火風空とも響きあうようになるのではないだろうか。さらに洞窟の中でコトタマを響かせると、もっと響きあいが深まるのではないだろうかと思われてきた。花崗岩の微細な響きと合わせてみると、なにか新しいものが生まれてくるのではないだろうか。

思い出してみると、エッセネ派の人たちやイエスさんは、砂漠の洞窟で父母と十二のカミガミに祈りを続け、空海さんも役行者も山の洞窟で求聞持法の呪文などを響かせていた。イスラムのムハンマドさんも、洞窟の中で天からの啓示を得たといわれている。

私も、どこかの洞窟でアワ唄を響かせてみたいなと思ったとき、五月に訪れた十和田湖畔の洞窟が浮かんできた。

あの湖畔の洞窟で縄文の行者たちもコトタマの修行を重ねていたのではなかったろうか。いや、今も静かに霊体として洞窟に籠り、瞑想を続けているのかもしれない。

イエスさんも、空海さんたちも今も潜象界の洞窟の中で、素晴らしいコトタマをこの世に送ってくれているのではないだろうか。

でも、それを確かめるには、どうすればよいのだろうか。

(アッ、そうだ。白龍さんに尋ねてみれば、わかるのではないか)と気がついた。

「お母さん、来週あたり、十和田湖の峠の茶屋にいる白龍さんを訪問してみない？空海さんや役行者さんを呼んでいただいて、コトタマを響かせる方法などを尋ねてみたくなったわ。予定はどう？」

「それはいいアイデアね。お母さんも知りたいことがあるの。宮中の新嘗祭では、アメのウズメが榊の枝で桶を突き、ハフリの舞を踊っているけれど、それはどんな意味があるのか、誰かに聞いてみたかったの。

袖をふる絹擦れの音、足ふみの音、柏手の音などに秘密があるのではと思って、天皇家を指導していた伯家神道を調べているのだけれど、わからないことがたくさんあるのよ」

「ハフリの舞」というのは、袖《そで》を鶴の羽のように振る優雅な舞である。古語で、袖はハデと呼ばれていたので、ハデフリの舞が転じて「ハフリ」となったのだそうだ。

母は、独身のころセオリツ姫をまつる花巻の早池峰《はやちね》神社で巫女さんとして踊っていたという話はよく聞かされていた。

セオリツ姫の神社は東北に多いが、渓流の水による祓い清めを象徴するカミさまである。

せせらぎの音を奏でるセオリツ姫を演じながら、袖を振りつつ、右へ左へ回転していくと、忘我の境地に入ることがしばしばあったという。そのとき、どこからか聞こえてきた絹擦れの音色や足ふみの音色が、今もしっかり耳の底に残っているという。

当時、神社の巫女として踊っていたとき、秋祭りの取材に来ていた父と出会い、見初められて結婚することになったのだそうだ。研究者としての知性派の父が、袖を響かせる感性派の母と一緒になったのである。

「まだ会ったことがないけど、面白そうね。じゃあ、白龍さんのところに行ってみようか。早池峰神社に奉仕していたときの、思い出深い巫女衣装を持ってね」と母が応じた。

ハフリの舞とは

翌週の日曜日、母の運転する車で峠の茶屋に向かった。

まず八戸に寄り、是川縄文館で呪文を唱えている合掌土偶と再び対面した。

「この祈りの土偶は、私の三千年前の姿かもしれないね」と、母は笑いながら言った。

それから新郷村の「キリストの墓」も面白半分に訪れて、峠の茶屋に向かった。五月の連休に父と来たときと同じコースである。

あらかじめ電話で予約していたので、白龍婆さんは古びた茶屋で待っていた。奥の部屋に通されると、床の間に小さい祭壇があった。白龍の掛け軸が床の間に飾られ、その前に榊が置かれ、塩と水と山菜が供えてある。

掛け軸をよく見ると、白龍のとぐろを巻いた胴体の上に、セオリツ姫さんが琵琶を持って座っておられた。セオリツ姫は、仏教と習合して弁才天（サラスバティ）とも呼ばれている。

白龍さんは、母を見るなり言った。

「お母さんには、清らかな水の霊がついていなさるな」

「はあ、そうですか。若いころ、セオリツ姫の役をして巫女舞を踊っていたことがありましたが」

「なるほど、お母さんは霊媒体質じゃから、今日はお母さんにセオリツ姫の霊を降ろしてみるとしよう。うちは年を取ったので、自分に降ろすとひどく疲れるのじゃ」

母はすんなり同意し、巫女の衣装に着替え、手に巫女鈴を持って静かに祭壇の前に座った。袴の朱色が一段と目にまぶしい。

やおら、白龍さんが胴に響く声で祝詞を上げ始めた。白龍さんの着こんだ麻の葉模様の白衣が、呼吸に合わせ上下に揺れている。

「高天原《たかあまはら》に、かむづまります、かむろぎかむろみの、みことをもちて、八百万《やほよろづ》のかみたちを、集《つど》えたまいて……」

母がそっと立ち上がり、七五三の巫女鈴をシャラ、シャラと振り始めた。部屋の空気が一瞬にして変わった。ピンと張りつめた雰囲気になってきた。

「すめみまのみことの、みけつ水は、現《うつ》しくにの水に、天《あま》つ水を加えて、祀《まつ》らむと申せと……」

母は、袖《はで》を振りながら右に左にゆっくり回り始めた。上に下に振られる袖がゆるやかな風を生み、心地よい風の気を送っている。白足袋が黒光りする板間の上を動き、8の字の白い渦を巻いている。

ハフリの舞である。祭壇のろうそくの火が、ほのかに揺れ始めた。

「ゆきすきを、斎庭《ゆにわ》にもちて、斎回《ゆまわ》り、まいりきて、ゆしりいつしり、かしこみかしこみも、清回《きよまわ》りに、仕えまつり……」

白龍さんの祝詞はやがて終盤に来た。

「天《あめ》のした、四方の国の、おほみたから、もろもろも、いかし御代に、やくはえの、たちさかえ、仕えまつるべき、賀詞《よごと》を、きこしめせと、かしこみかしこみもまうす」

祝詞が終わり、母は静かに着座した。まだ、夢心地のようである。目は半眼に伏せられており、何も見ていないようである。

神がかりした母の姿を見て、（大丈夫かな）と私は少し不安になってきた。

そのとき、白龍さんの凛とした声が、対面した母に向かって発せられた。

「セオリツ姫さまにお尋ね申し上げまする。ただいまハフリの舞を拝見しましたが、これは皇室の行事の中でいかなる意義を持っておりまするのか、お聞かせくださいまし」

「これは、ゆまわり、きよまわりの舞じゃ。右に左に舞うことで、宇宙の始まりを思い起こし、宇宙の生成を称える動作じゃ。

右回りの天《あ》と左回りの地《わ》を言祝ぐ舞じゃ。もともとは、スメラミコトが舞って示すものであったが、セオリツが代理として舞うことが許されるようになったのじゃ」

「その舞は、いかなる響きを伝えようとしたものでござるか」

セオリツ姫の母は、目を半眼にしたまま白龍さんの問いに答え続けた。

「つまりじゃ、床を踏む足の音は地の響き、巫女鈴の音はせせらぎの響き、鈴紐がゆらゆらと立ち昇るさまは火の動きを表しておる。巫女が袖を振る絹擦れの音は風のはたらきを示し、両手を大きく羽のように回す円の形は空《うつほ》の響きを表しておる。

ハフリの舞の奥義は、これらの微妙な振動を皮膚によって聴き分けることにあると申せよう。皮膚は体の内と外をつなぐ大事な器官なのじゃ」


「その響きを産み出した、宇宙の始まりのカミさまの名はいかに？」

「始まりのカミさまに名前はないのじゃ。スメラミコトの御代にあっては、アメミヲヤと申し上げていたがの」

「その御《おん》はたらきはいかに？」

「あらゆるものを響きによってご自身の中から産み出し、育て、生かし続けるはたらきをしている。ご自身の外にものを創るカミではなく、内から生り成りて鳴るカミじゃ。アメミヲヤは、人の外側にいるのではなく、すでに人の中にいる存在であるぞよ。よって、人の子はどんな苦労があろうとも、ただただその響きを感受し、感謝して受け入れておればよいのぞ」

「かたじけのうございまする。次にアワ唄についてですが、セオリツさまはお聞きになられたことがありましょうや」

「いかにも、三千三百年前に、霊体セオリツの分身がアマテル大神の后として迎えられたときのことじゃが、アマテルの妹のワカ姫が熱心にアワ唄を教えておりましたな。五弦琴をかき鳴らしつつ、四十八のコトタマをしっかり教えており申した。おかげでヤマトの言葉が調ってまいりましたのぞ」

「ワカ姫さまが教えていたそのアワ唄はどのように唄えばよいのか、体に響かせる方法を教えていただきたく」

「童《わらべ》たちは、手拍子を取りながら和音階で楽しく歌っていた。大人たちは、いかようにも好きな音程で唄えばよいが、大切なことは、日と月のはたらきを思い起こし、土と水、火と風、空《うつほ》のはたらきにも感謝しつつ唄うことじゃな」

「さようですか、歌も舞もすべて響きあいでつながっているということですね。それで最後の質問ですが、役行者や空海さんもアワ歌を知っていたのでしょうか？」

「もちろん、民衆を教えていた役行者は、巷に流れる古代のアワ歌を知っていた。子供たちと一緒に楽しく歌ってみせたこともある。

空海さんもアワ歌の原理を知っていたが、それだけでは権威がつかないので、複雑な異国の音を組み合わせ呪文にして弟子たちに教えていた。

しかし、根本の原理は一緒じゃな。声は魂の響きを表している。宇宙の魂、大自然の魂の響きを反映するように唄い、舞うことじゃな」

「まことにありがたく存じまする」

大体を聞き取った白龍さんは、ここで鋭い柏手の音を八回打ち鳴らした。柏手の風にあおられて、ろうそくの炎が激しく揺れた。

母は、半眼の眼を大きく開けた。やっと我に返った風であった。母が元通りになったので、私はほっとした。

青龍さんに乗って

あらかじめ白龍さんに聞き取りをお願いしていた件は、おおよそ回答を得たので、私はひと安心した。しかし、もう一つ、重大な質問を忘れていた。

「白龍さん、あとひとつお尋ねしたいことがあります。新郷村のキリストの墓ではありませんが、磔にされたイエスさんは今どこにどうしておられるのか。マリアさんは、世界の各地に出現されているという報告がありますが、イエスさんはどうしていらっしゃるのか。霊体として十和田湖の聖地にも現れることはないのか、それをお聞きしたいと思ったのですが……」

「それは、セオリツさまには無理じゃよ。イエスさんやマリアさんの霊統と全く違うからな。それは、十和田湖に棲む青龍さまにきかねばなるまい。青龍さまは、ガリラヤ湖はじめ、世界の湖を飛び回って連絡を取っているからのう。

どれ、うちが青龍さまをお招きして、直接尋ねてみることにしよう」

十和田湖は、青龍大権現がましますの聖域であり、昔は南祖坊などの山伏が険しい峠を越えて修行に訪れていたところである。南祖坊が厳しい修行を経て入水し、青龍になったという伝説もある。

世界の神秘の湖底に潜み、今も十和田湖に棲んで世の移り変わりを眺めてきた青龍さんにお伺いしてみようというのである。

白龍さんは、祭壇に向きなおり、丸い水晶の周りを囲んでいるヨモギ草にろうそくの火をつけた。乾燥したヨモギ草の上に置かれた楠の木の枝葉がパチパチと燃え、芳香を放ち始めた。白龍さんは何か呪文のようなものを唱え始めたが、早口の微音で唱えているので、よく聞き取れない。

しばらくすると、祭壇の掛け軸がハタハタと波を打ち始めた。ろうそくの火もボーボーと音を立てながら、三十センチほどの高さに立ち昇り始めた。

青い鱗の青龍さまのお出ましかもしれない。白龍さんは、何かぶつぶつと独り言を言いながら青龍さまと対話しているようである。


やがて白龍さんは、真剣な表情で私に向かい直して言った。

「いやあ、魂消《たまげ》たな。なんとイエスさんは今もときどき、銀の龍に乗って十和田湖の洞窟にやってくるそうだ。再び地上に生まれ変わる日に備えてのう。

エッセネ派の修行をしていた時代も、ときどき霊体として修行にやってきていたそうじゃ。新郷村のキリストの墓に寄ることはなかったが、青龍さんの洞窟に来て、太古の神仙の指導を受けながら瞑想にふけっていたらしい」

「十和田湖一帯は、それほど神聖な場所だったのですか？」

「そう、ここは、かつては火山のエネルギーが渦巻き、つむじ風が吹きすさび、清らかな水が湧きいでる世界有数の聖域だったからね。松の実を食べていた太古の神仙たちは、姿を消したり、空を舞ったり自由自在であった。

イエスさんは、ここで神仙たちから地なる母の瞑想を学び、元気を補給し、故郷のナザレに帰っていたらしいね」

「とすると、役行者や空海さんらもこの地に来ていたのでしょうか？」

「もちろん、彼らも霊体としてやってきて、洞窟の中で会議を開いていたようじゃ。現世の利益にとらわれて、古代の父と母の叡智を忘れてしまった現代人をどのように導くべきか、いにしえの日と月と星の叡智を思い出させる指導者として誰を派遣するのがよいか、検討していたようじゃな。

青龍さんは、その送り迎えに当たっていたそうじゃ」

「そうすると、空海さんとイエスさんが、霊体として十和田湖で会い、世界の動きについて協議することもあったのでしょうか？」

「そのようじゃ。有名な霊覚者だけでなく、名のない湖底人や空飛ぶ宇宙人たちも参加する会議も開かれている。

そうして、その時代にふさわしい精神的指導者を選び地上に派遣してきたのじゃ。会議を主宰するのは、宇宙の根源神、アメミヲヤとも呼ばれる高貴な存在で金の龍に乗ってやってこられるそうじゃな」

「そうですか、高級なカミガミのましまず神界のはたらきは、そのようになっているのですか。その神秘の洞窟に寄ってみたいのですが、どこにあるのでしょうか？」

「それは、絶壁の中ほどにある巨大な洞窟で、人は近づくことはできない。しかし、御倉《みくら》半島のコモリ岩に近い湖畔に、小さな三室《みむろ》洞窟があっての、そことはつながっているそうじゃから、その三室洞窟に行って確かめるがよい。でも、険しい山道を越えていかねばならないよ」

こう言うと、白龍さんはだいぶん疲れてきたらしく、ゴホゴホと咳をし始めた。持病の喘息がぶり返してきたようだ。これ以上長くいると、迷惑をかける。

母は、謝礼の包みを渡し、何度も頭を下げてお礼を述べた。

日と月の響き愛へ

峠の茶屋からの帰り道、せっかく来たのだから、十和田湖に寄り、青龍さんの棲む洞窟の近くまで行こうと決心した。この機会を逃すと、もう二度と来られないかもしれない。

御倉半島の付け根で車を降り、母と二人で杖を突きながら、三十分ほど道なき道をかき分けて進んだ。ようやく湖畔に出ると、巨大な奇岩がそびえ立っていた。あの合掌土偶がかぶっていた筒帽のような形をしている。白龍さんに教えてもらったコモリ岩である。

その裏側に回ってみると、透き通った入江があり、奥に龍の目玉のような三室洞窟がぽっかりと口を開けていた。奥には三つの通り穴があるらしく、風が時折りスースーと上に吸い込まれていくのを見ると、やはり絶壁の上のほうの洞窟とつながっているようだ。

あたりを見回すと静かである。夕日の照り渡る湖面は、さざ波一つなく鏡のように光っている。小魚も底のほうに潜んでいるようで魚影が見えない。遠くの森で、キツツキが虫をついばむ音が響いている。足元を見ると、一匹の子亀が親亀の背に乗り、首を伸ばしてのんびり休んでいる。

私は、持ってきたろうそくに火をつけて、洞窟の岩場に置いた。お塩をまき、小瓶のお酒を振りまいた。

洞窟の中は、声がよく反響している。千古の岩が放つ微細な響きと声が共鳴している。この奥深い洞窟の中でアワ唄を唄うと、強い倍音が発生し全身が共鳴しそうに思われた。

この太古の空間で、母と一緒に大自然と宇宙に感謝するアワ唄を響かせたくなった。異次元に棲んでいるイエスさんや空海さんにも聞いてもらおうと、洞窟の奥に向かって二人で声を響かせることにした。感謝を伝えるには、それが一番良い方法と思った。

「アカハナマー、イキヒニミウクー……」

小声で唄っても、洞窟に倍音が共鳴し、次第に体が熱くなってきた。体の中のアイウエオに相当する部位が震えているようだ。

「フヌムエケー、ヘネメオコホノー……」

私の脳裏に、一つのぼんやりした思いが浮かび、それが次第にある結晶を結び始めた。

（そうなのか。イエスさんや空海さんなど、これまでの偉大な霊的指導者は、ある一つの真理を伝えようとしたのか。それは、表現や言葉は異なっていても、一つの真理を別の角度から示そうとしたものであろう。十和田の深い湖は、見る角度と時によって姿が変わり、色の度合いも変化するように）

「モトロソヨー、ヲテレセヱツル……」

（つまり、活動的な民には、人に奉仕する愛の宗教を教え、静座の好きな民には因果の法を悟らせる叡智を伝え、清浄を重視する民には大自然と調和する法を教えてきた。そうして、神界は、時代に応じ、民族に応じて、一番ふさわしい霊的指導者を派遣してきたのだ）

「スユンチリー、シイタラサヤワー……」

（日と月と星々を代表する偉大なカミガミは、そうしてこの十和田湖の神秘の洞窟に集まって今も協議を続けている。地球を調え、この世に真善美を現そうと慈愛の響きを送り続けている……）

そのとき突然、近くの林で一羽のウグイスが、ホーホケキョとひときわ甲高い一声を放った。まるで、宇宙を包む膜を切り裂くような鋭い響きであった。その宇宙の膜の割れ目から、色とりどりの無数の光の玉が舞い降りてきた。

「お母さん、『高天原にカミづまります』の意味がやっとわかってきたわ。八百万《やほよろづ》のカミさまが集っている情景が見えてきたのよ。たくさんのタマユラになって舞っているのよ」

「ええ、私にも、裳裾《もすそ》をつけたセオリツさまが、袖を優雅に振って舞っている姿が映ってきたわ。

私たちも、八つの世界に響くというトホカミ唄を唄って、さらなる感謝と祝福の響きを神界のカミさま方に伝えることにしましょう」と母が相槌を打った。

「そうね、日と月と星が調和している響きの世界、言葉のいらない世界が一日も早く来ますように、心を込めて唱えたいですね」と私が応じた。

「トーホーカーミー　エーヒーターメー……」

二人の微音の唄声は洞窟に反響し、次第に上のほうに吸い込まれていくようにみえた。

八つのコトタマは、前になり後になり、混じりあいながら昇っていった。

やがて、天井から笙《しょう》の音のような不思議な音色が漂ってきた。非常に高いシーンという笙の音色が、倍音の共鳴により降りてきたのだ。

「トーホーカーミー　エーヒーターメー……」

その笙の響きとともに、暗い洞窟の上方から虹色の細かい粒のようなものが降りてきた。見ると、赤、青、白、そして金と銀の微粒子が舞い降りている。まるで狭霧《さぎり》のようにふんわりと回転しながら降りている。

母と私は、渦巻く狭霧の光の円錐体の中に包まれていた。細かい生命の樹の葉が回りながら次々に舞い降りてきて、その目くるめくような七色の光の渦巻の中に包まれていた。

「トーホーカーミー　エーヒーターメー……」

母と子の奏でるコトタマは、大自然のありとあらゆる存在と響きあい、自然を超えた裏の世界とも響きあっていた。個々の存在は異なりながらも、コトタマの響きに一つに溶けあっていた。その響きあいの中で、日と月と星は調和の軌道を歩んでいた。

どこからか、ふいに「そうなの。響きは愛なのよ」という声が聞こえてきた。

セオリツさまの、柔らかい声のように思えた。

（そうだ、響き愛なのだ。響き愛において、人々は一つになり、自然や宇宙とも一つになる。名前や言葉のない世界において……）

母と私は、洞窟の向こう側の見えない世界に向けて、なおも八つのコトタマを静かに響かせ続けた。

「トーホーカーミー　エーヒーターメー……」


（了）

主要参考文献

『キリストは日本で死んでいる』山根キク、平和世界社、昭和三十三年
『光は東方より』山根菊子、日本と世界社、昭和十二年
『神代秘史百話』酒井勝軍、国教宣明団、昭和五年
『天孫民族と神選民族』酒井勝軍、神秘之日本社、昭和十三年
「羽黒山修験道要路」島津伝道、荒沢寺、大正十一年
『出羽三山修験道の研究』、戸川安章、佼成出版社、1973
『修験道儀礼の研究』宮家準、春秋社、1999
『修験道思想の研究』宮家準、春秋社、2002
『宇宙の大道を歩む――川面凡児とその時代』宮崎貞行、東京図書出版、2011
『アワ歌で元気になる』宮崎貞行、文芸社、2013
『ワカヒメさまの超復活』宮崎貞行他、ヒカルランド、2014
『フトマニの九十九三』宮崎貞行、検証ホツマツタヱ誌、2021、4月

『トホカミ考——その起源と意味』宮崎貞行　検証ホツマツタヱ誌、2015、4月
『キリストの不老長生術』井田雅博、創寿会、1976
『イエスとエッセネ派』ドロレス・キャノン、2021、ナチュラルスピリット
『エドガー・ケイシーのキリストの秘密』リチャード・ドラモンド、たま出版、2003
Edgar Cayce on the Mysterious Essenes　John Auken　Rubin Miller 1971
The Essenes : Children of the Light　Stuart Wilson　Joanna Prentis 2005
The Gospel of Love and Peace: Essene Books I to IV　Edmond B. Szekely　1981
The Teachings of the Essenes from Enoch to the Dead Sea Scrolls　Edmond B. Szekely 2004
The Essene Science of Fasting and the Art of Sobriety: Guide to Regeneration in Health and Disease　Edmond B. Szekely 1983
The Dialectical Method of Thinking　Edmond B. Szekely　1973
The Essenes: Children of the Light　Stuart Wilson　2005
The Mystery of the Copper Scroll of Qumran: The Essene Record of the Treasure of

Akhenaten (English Edition)　Robert Feather　2003

The Complete Dead Sea Scrolls in English　Geza Vermes　1962

縄文《じょうもん》のコトタマが地球《ちきゅう》を救《すく》う

セオリツ姫《ひめ》、イエス、空海《くうかい》らが知っていた日月《ひつき》の響《ひび》きとはたらき

宮崎《みやざき》　貞行《さだゆき》

明窓出版

令和三年十月十日　初刷発行
令和六年三月二十日　二刷発行
発行者――麻生 真澄
発行所――明窓出版株式会社
〒一六四―〇〇一二
東京都中野区本町六―二七―一三
印刷所――中央精版印刷株式会社
落丁・乱丁はお取り替えいたします。
定価はカバーに表示してあります。

ISBN978-4-89634-438-7

著者略歴

宮崎　貞行

昭和二十年生まれ。東京大学、コーネル経営大学院卒。官庁、大学に奉職した後、現在は日本文化に内在する価値観を発掘し、それを基にした新しい国体物語を打ち立てようとしている。近著に『小泉大志命・祓い太刀の世界』、『失われた奥義・縄文古道のよみがえり』、訳書『ホツマ・カタカムナ・先代旧事本紀』（共にヒカルランド）、『天皇の国師・三上照夫の真実』（学研プラス）、『寄り添う皇后美智子さま』（きれい・ねっと）、『宇宙の大道を歩む・川面凡児とその時代』（東京図書出版）、『アワ歌で元気になる』（文芸社）など。『検証ホツマツタヱ』誌同人。議員立法支援センター代表。

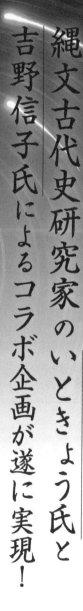

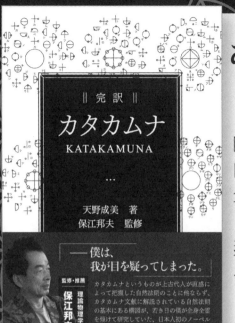

船瀬俊介《ふなせしゅんすけ》 & 秋山佳胤《あきやまよしたね》

令和元年 トークライブ

「大団円」

波動《バイブス》と断食《ファスティング》が魂の文明をおこす

本体価格：1,800円＋税

愛と不屈のジャーナリスト・船瀬俊介氏
&
愛と不食の弁護士・秋山佳胤氏

が、この記念すべき転換期にジャンルの垣根を超えて語り尽くす！

闇の世界に精通する両著者の、ぶっ飛び！＆振り切り！のコラボレーション企画。宇宙といのちが響き合い、高波動で満たされて、混沌の時代はめでたく大団円を迎える。**そして、すべてが新しいステージへ。**

開いたページすべてが見どころ。これまでにない、魂の文明の到来を告げる、**超パワフル**な対談本です。

船瀬俊介氏

「令和」の必修テーマ全部盛り!!!

ロックフェラー、闇の勢力、宇宙エネルギー、薬害、離婚、ホメオパシー、戦争、近代医学、多様化社会、親子関係、リニアモーターカー、パレスチナ・イスラエル問題etc……

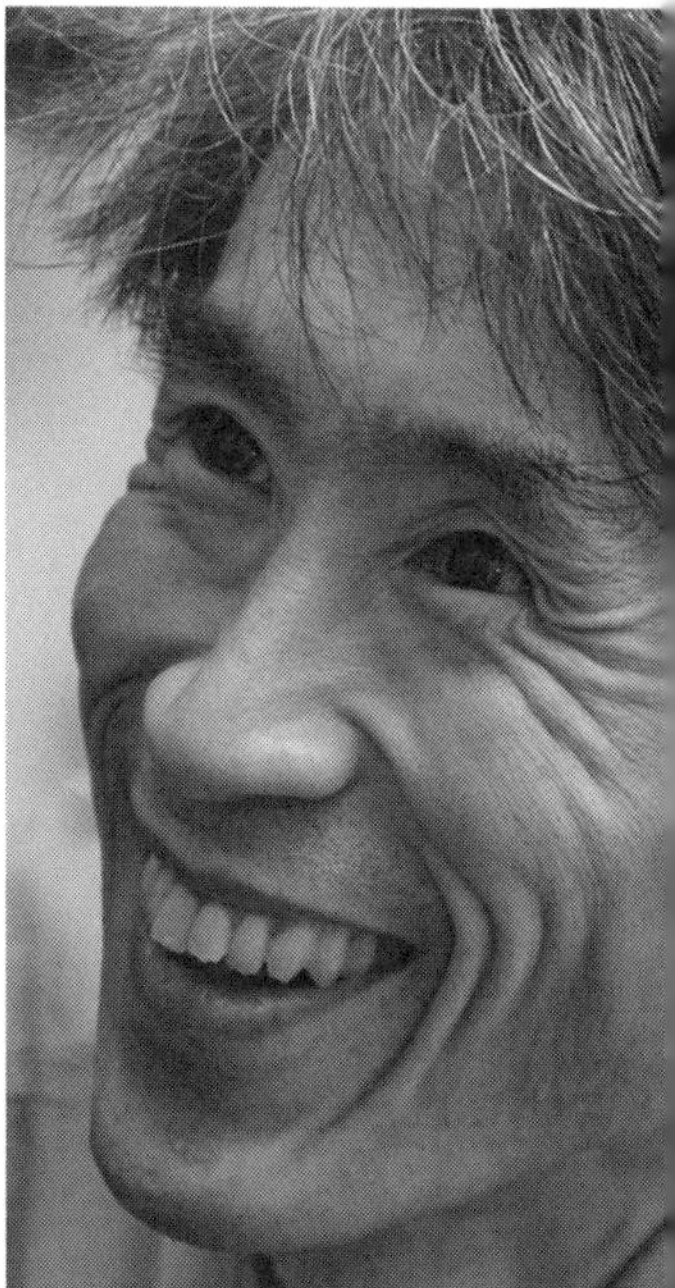

秋山佳胤氏